CLASSIQUES JAUNES

Littératures francophones

L'École des femmes,
La Critique
de l'École des femmes,
L'Impromptu de Versailles

Molière

L'École des femmes,
La Critique de
l'École des femmes,
L'Impromptu
de Versailles

Édition critique par Charles Mazouer

PARIS
CLASSIQUES GARNIER
2022

Charles Mazouer, professeur honoraire à l'université de Bordeaux Montaigne, est spécialiste de l'ancien théâtre français. Outre l'édition de textes de théâtre des XVIe et XVIIe siècles, il a notamment publié *Molière et ses comédies-ballets*, les trois tomes du *Théâtre français de l'âge classique*, ainsi que *Théâtre et christianisme. Études sur l'ancien théâtre français.*

Visuel de couverture : *L'École des femmes, Agnès*. Artiste inconnu. Source : www.meisterdrucke.de

ISBN 978-2-406-12441-2
ISSN 2417-6400

ABRÉVIATIONS USUELLES

Acad.	*Dictionnaire de l'Académie (1694)*
C.A.I.E.F.	*Cahiers de l'Association Internationale des Études Françaises*
FUR.	*Dictionnaire universel* de Furetière (1690)
I. L.	*L' Information littéraire*
P.F.S.C.L.	*Papers on French Seventeenth-Century Literature*
R.H.L.F.	*Revue d'Histoire Littéraire de la France*
R.H.T.	*Revue d'Histoire du Théâtre*
RIC.	*Dictionnaire français* de Richelet (1680)
S.T.F.M.	Société des Textes Français Modernes
T.L.F.	Textes Littéraires Français

AVERTISSEMENT

L'ÉTABLISSEMENT DES TEXTES

Il ne reste aucun manuscrit de Molière.

Si l'on s'en tient au XVII[1] siècle[1], comme il convient – Molière est mort en 1673 et la seule édition posthume qui puisse présenter un intérêt particulier est celle des *Œuvres* de 1682 –, il faut distinguer cette édition posthume des éditions originales séparées ou collectives des comédies de Molière.

Sauf cas très spéciaux, comme celui du *Dom Juan* et du *Malade imaginaire*, Molière a pris généralement des privilèges pour l'impression de ses comédies et s'est évidemment soucié de son texte, d'autant plus qu'il fut en butte aux mauvais procédés de pirates de l'édition qui tentèrent de faire paraître le texte des comédies avant lui et sans son aveu. C'est donc le texte de ces éditions originales qui fait autorité, Molière ne s'étant soucié ensuite ni des réimpressions des pièces séparées, ni des recueils factices constitués de pièces

---

1   Le manuel de base : Albert-Jean Guibert, *Bibliographie des œuvres de Molière publiées au XVIIe siècle*, 2 vols. en 1961 et deux *Suppléments* en 1965 et 1973 ; le CNRS a réimprimé le tout en 1977. Mais les travaux continuent sur les éditions, comme ceux d'Alain Riffaud, qui seront cités en leur lieu. Voir, parfaitement à jour, la notice du t. I de l'édition dirigée par Georges Forestier avec Claude Bourqui des *Œuvres complètes de Molière*, 2010, p. cxi-cxxv, qui entre dans les détails voulus.

déjà imprimées. Ayant refusé d'endosser la paternité des *Œuvres de M. Molière* parues en deux volumes en 1666, dont il estime que les libraires avaient obtenu le privilège par surprise, Molière avait l'intention, ou aurait eu l'intention de publier une édition complète revue et corrigée de son théâtre, pour laquelle il prit un privilège ; mais il ne réalisa pas ce travail et l'édition parue en 1674 (en six volumes ; un septième en 1675), qu'il n'a pu revoir et qui reprend des états anciens, n'a pas davantage de valeur.

En revanche, l'édition collective de 1682 présente davantage d'intérêt – même si, pas plus que l'édition de 1674, elle ne représente un travail et une volonté de Molière lui-même sur son texte[2]. On sait, indirectement, qu'elle a été préparée par le fidèle comédien de sa troupe La Grange, et un ami de Molière, Jean Vivot. Si, pour les pièces déjà publiées par Molière, le texte de 1682 ne montre guère de différences, cette édition nous fait déjà connaître le texte des sept pièces que Molière n'avait pas publiées de son vivant (*Dom Garcie de Navarre*, *L'Impromptu de Versailles*, *Dom Juan*, *Mélicerte*, *Les Amants magnifiques*, *La Comtesse d'Escarbagnas*, *Le Malade imaginaire*). Ces pièces, sauf exception, seraient autrement perdues. En outre, les huit volumes de cette édition entourent de guillemets les vers ou passages omis, nous dit-on, à la représentation, et proposent un certain nombre de didascalies censées représenter la tradition de jeu de la troupe de Molière. Quand on compare les deux états du texte, pour les pièces déjà publiées du vivant de Molière, on s'aperçoit que 1682 corrige (comme le prétend la Préface)... ou ajoute des fautes et propose des variantes

---

2   Voir Edric Caldicott, « Les stemmas et le privilège de l'édition des *Œuvres complètes de Molière* (1682) », [in] *Le Parnasse au théâtre...*, 2007, p. 277-295, qui montre que Molière n'a jamais entrepris ni contrôlé une édition complète de son œuvre, ni pour 1674 ni pour 1682.

(ponctuation, graphie, style, texte) passablement discutables. Bref, cette édition de 1682, malgré un certain intérêt, n'autorise pas un texte sur lequel on doute fort que Molière ait pu intervenir avant sa mort.

Voici la description de cette édition :

- Pour les tomes I à VI : LES / ŒUVRES / DE / MONSIEUR / DE MOLIERE. Reveuës, corrigées & augmentées. / *Enrichies de Figures en Taille-douce.* / A PARIS, / Chez DENYS THIERRY, ruë saint Jacques, à / l'enseigne de la Ville de Paris. / CLAUDE BARBIN, au Palais, sur le second / Perron de la sainte Chapelle. / ET / Chez PIERRE TRABOUILLET, au Palais, dans la / Gallerie des Prisonniers, à l'image S. Hubert ; & à la / Fortune, proche le Greffe des Eaux & Forests. / M. DC. LXXXII. / *AVEC PRIVILEGE DV ROY.*
- Pour les tomes VII et VIII, seul le titre diffère : LES / ŒUVRES / POSTHUMES / DE / MONSIEUR / DE MOLIERE. / Imprimées pour la première fois en 1682.

Je signale pour finir l'édition en 6 volumes des *Œuvres de Molière* (Paris, Pierre Prault pour la Compagnie des Libraires, 1734), qui se permet de distribuer les scènes autrement et même de modifier le texte, mais propose des jeux de scène plus précis dans ses didascalies ajoutées.

La conclusion s'impose et s'est imposée à toute la communauté des éditeurs de Molière. Quand Molière a pu éditer ses œuvres, il faut suivre le texte des éditions originales. Mais force est de suivre le texte de 1682 quand il est en fait le seul à nous faire connaître le texte des œuvres non éditées par Molière de son vivant. *Dom Juan* et *Le Malade imaginaire* posent des problèmes particuliers qui seront examinés en temps voulu.

Au texte des éditions originales, ou pourra adjoindre quelques didascalies ou quelques indications intéressantes de 1682, voire, exceptionnellement, de 1734, à titre de variantes – en n'oubliant jamais que l'auteur n'en est certainement pas Molière.

Selon les principes de la collection, la graphie sera modernisée. En particulier en ce qui concerne l'usage ancien de la majuscule pour les noms communs. La fréquentation assidue des éditions du XVIIᵉ siècle montre vite que l'emploi de la majuscule ne répond à aucune rationalité, dans un même texte, ni à aucune intention de l'auteur. La fantaisie des ateliers typographiques, que les écrivains ne contrôlaient guère, ne peut faire loi.

La ponctuation des textes anciens, en particulier des textes de théâtre, est toujours l'objet de querelles et de polémiques. Personne ne peut contester ce fait : la ponctuation ancienne, avec sa codification particulière qui n'est plus tout à fait la nôtre, guidait le souffle et le rythme d'une lecture orale, alors que notre ponctuation moderne organise et découpe dans le discours écrit des ensembles logiques et syntaxiques. On imagine aussitôt l'intérêt de respecter la ponctuation ancienne pour les textes de théâtre – comme si, en suivant la ponctuation d'une édition originale de Molière[3], on pouvait en quelque sorte restituer la diction qu'il désirait pour son théâtre !

---

3   À cet égard, Michael Hawcroft (« La ponctuation de Molière : mise au point », *Le Nouveau Moliériste*, nº IV-V, 1998-1999, p. 345-374) tient pour les originales, alors que Gabriel Conesa (« Remarques sur la ponctuation de l'édition de 1682 », *Le Nouveau Moliériste*, nº III, 1996-1997, p. 73-86) signale l'intérêt de 1682.

Il suffirait donc de transcrire la ponctuation originale. Las! D'abord, certains signes de ponctuation, identiques dans leur forme, ont changé de signification depuis le XVIIe siècle : trouble fâcheux pour le lecteur contemporain. Surtout, comme l'a amplement démontré, avec science et sagesse, Alain Riffaud[4], là non plus on ne trouve pas de cohérence entre les pratiques des différents ateliers, que les dramaturges ne contrôlaient pas – si tant est que, dans leurs manuscrits, ils se soient souciés d'une ponctuation précise! La ponctuation divergente de différents états d'une même œuvre de théâtre le prouve. On me pardonnera donc de ne pas partager le fétichisme à la mode pour la ponctuation originale.

J'aboutis donc au compromis suivant : respect autant que possible de la ponctuation originale, qui sera toutefois modernisée quand les signes ont changé de sens ou quand cette ponctuation rend difficilement compréhensible tel ou tel passage.

PRÉSENTATION ET ANNOTATION
DES COMÉDIES

Comme l'écrivait très justement Georges Couton dans l'Avant-propos de son édition de Molière[5], tout commentaire d'une œuvre est toujours un peu un travail collectif, qui tient compte déjà des éditions antécédentes – et les éditions de Molière, souvent excellentes, ne manquent pas, à

---

4   *La Ponctuation du théâtre imprimé au* XVIIe *siècle*, Genève, Droz, 2007.
5   *Œuvres complètes*, t. I, 1971, p. xi-xii.

commencer par celle de Despois-Mesnard[6], fondamentale et remarquable, et dont on continue de se servir... sans toujours le dire. À partir d'elles, on complète, on rectifie, on abandonne dans son annotation, car on reste toujours tributaire des précédentes annotations. On doit tenir compte aussi de son lectorat. Une longue carrière dans l'enseignement supérieur m'a appris que mes lecteurs habituels – nos étudiants (et nos jeunes chercheurs) sont de bons représentants de ce public d'honnêtes gens qui auront le désir de lire les classiques – ont besoin de davantage d'explications et d'éléments sur les textes anciens, qui ne sont plus maîtrisés dans l'enseignement secondaire. Le texte de Molière sera donc copieusement annoté.

Mille fois plus que l'annotation, la présentation de chaque pièce engage une interprétation des textes. Je n'y propose pas une herméneutique complète et définitive, et je n'ai pas de thèse à imposer à des textes si riches et si polyphoniques, dont, dans sa seule vie, un chercheur reprend inlassablement (et avec autant de bonheur!) le déchiffrement. Les indications et suggestions proposées au lecteur sont le fruit d'une méditation personnelle, mais toujours nourrie des recherches d'autrui qui, approuvées ou discutées, sont évidemment mentionnées.

En sus de l'apparat critique, le lecteur trouvera, en annexes ou en appendice, divers documents ou instruments (comme une chronologie) qui lui permettront de mieux contextualiser et de mieux comprendre les comédies de Molière.

Mais, malgré tous les efforts de l'éditeur scientifique, chaque lecteur de goût sera renvoyé à son déchiffrement, à sa rencontre personnelle avec le texte de Molière!

---

6   *Œuvres complètes de Molière*, pour les « Grands écrivains de la France », 13 volumes de 1873 à 1900.

Nota bene :

1/ Les grandes éditions complètes modernes de Molière, que tout éditeur (et tout lecteur scrupuleux) est amené à consulter, sont les suivantes :

MOLIÈRE (Jean-Baptiste Poquelin, dit), *Œuvres*, éd. Eugène Despois et Paul Mesnard, Paris, Hachette et Cie, 13 volumes de 1873 à 1900 (Les Grands Écrivains de la France).

MOLIÈRE (Jean-Baptiste Poquelin, dit), *Œuvres complètes*, éd. Georges Couton, Paris, Gallimard, 1971, 2 vol. (La Pléiade).

MOLIÈRE (Jean-Baptiste Poquelin, dit), *Œuvres complètes*, édition dirigée par Georges Forestier avec Claude Bourqui, Paris, Gallimard, 2010, 2 vol. (La Pléiade).

2/ Signalons quelques études générales, classiques ou récentes, utiles pour la connaissance de Molière et pour la compréhension de son théâtre – étant entendu que chaque comédie sera dotée de sa bibliographie particulière :

BRAY, René, *Molière homme de théâtre*, Paris, Mercure de France, 1954.

CONESA, Gabriel, *Le Dialogue moliéresque. Étude stylistique et dramaturgique*, Paris, PUF, s.d. [1983] ; réed. Paris, SEDES, 1992.

DANDREY, Patrick, *Molière ou l'esthétique du ridicule*, Paris, Klincksieck, 1992 ; seconde édition revue, corrigée et augmentée, en 2002.

DEFAUX, Gérard, *Molière ou les métamorphoses du comique : de la comédie morale au triomphe de la folie*, 2e éd., Paris, Klincksieck, 1992 (Bibliothèque d'Histoire du Théâtre) (1980).

DUCHÊNE, Roger, *Molière*, Paris, Fayard, 1998.

FORESTIER (Georges), *Molière*, Paris, Gallimard, 2018.

GUARDIA, Jean de, *Poétique de Molière. Comédie et répétition*, Genève, Droz, 2007 (Histoire des idées et critique littéraire, 431).

JURGENS, Madeleine et MAXFIELD-MILLER, Élisabeth, *Cent ans de recherches sur Molière, sur sa famille et sur les comédiens de sa troupe*, Paris, Imprimerie nationale, 1963. – Complément pour les années 1963-1973 dans *R.H.T.*, 1972-4, p. 331-440.

MCKENNA, Anthony, *Molière, dramaturge libertin*, Paris, Champion, 2005 (Essais).

MONGRÉDIEN, Georges, *Recueil des textes et des documents du XVIIe siècle relatifs à Molière*, Paris, CNRS, 1965, 2 volumes.

PINEAU, Joseph, *Le Théâtre de Molière. Une dynamique de la liberté*, Paris-Caen, Les Lettres Modernes-Minard, 2000 (Situation, 54).

3/ Sites en ligne :

Tout Molière.net donne déjà une édition complète de Molière.

Molière 21, conçu comme complément à l'édition 2010 des *Œuvres complètes* dans la Pléiade, donne une base de données intertextuelles considérable et offre un outil de visualisation des variantes textuelles.

CHRONOLOGIE

(décembre 1662 – 30 avril-22 mai 1664)

1662	26 décembre.	Création de *L'École des femmes* au théâtre du Palais-Royal.
1663	9 février.	Publication anonyme des *Nouvelles Nouvelles* de Donneau de Visé, contenant une notice sur Molière.
	12 mars.	Gratification du roi pour la troupe (4 000 livres). Dans la même période, Molière est inscrit pour 1 000 livres sur la liste des pensionnés, qui sera publiée deux ou trois mois plus tard.
	17 mars.	Achevé d'imprimer de *L'École des femmes*.
	1er juin.	Création de *La Critique de L'École des femmes* au théâtre du Palais-Royal.
	27 juillet.	Publication de la *Quatrième dissertation concernant le poème dramatique, servant de réponse aux calomnies de M. Corneille,* où l'abbé d'Aubignac accuse Pierre Corneille d'avoir organisé la cabale contre *L'École des femmes*.

Juillet-septembre.	Rédaction par Molière de son *Remerciement au Roi* pour la pension, publié sans datation plus précise en 1663.
4 août.	Achevé d'imprimer de *Zélinde, ou La Véritable Critique de L'École des femmes* de Donneau de Visé.
7 août.	Achevé d'imprimer de *La Critique de L'École des femmes*, dédiée à la reine mère, Anne d'Autriche.
Fin septembre – début octobre.	Création à l'Hôtel de Bourgogne du *Portrait du peintre, ou La Contre-critique de L'École des femmes* de Boursault, imprimée en novembre.
19, 20 ou 21 octobre.	Création de *L'Impromptu de Versailles* lors d'un séjour à Versailles.
4 novembre.	Première de *L'Impromptu de Versailles* devant le public parisien du théâtre du Palais-Royal.
Novembre.	L'acteur de l'Hôtel de Bourogne Montfleury père accuse Molière d'inceste dans une requête au roi.
30 novembre.	Achevé d'imprimé du *Panégyrique de L'École des femmes* de Robinet.
Fin novembre.	L'Hôtel de Bourgogne joue la *Réponse à L'Impromptu de Versailles, ou La Vengeance des marquis* de Donneau de Visé, qui sera imprimée le 7 décembre.

11 décembre.	Conviées à l'Hôtel de Condé pour le mariage du duc d'Enghien, les deux troupes rivales de l'Hôtel de Bourgogne et de Molière donnent, devant les invités, *La Critique de L'École des femmes* et *L'Impromptu de Versailles* de Molière et, pour l'autre camp, *Le Portrait du peintre* de Boursault et *L'Impromptu de l'Hôtel de Condé* de Montfleury fils, bientôt créé à l'Hôtel de Bourgogne puis imprimé le 19 janvier 1664.
1664 29 janvier.	Création du *Mariage forcé* au Louvre, chez la reine mère ; le roi dansa dans cette comédie-ballet.
7 février.	Chevalier, *Les Amours de Calotin*.
15 février.	Première du *Mariage forcé* « avec le ballet et les ornements » au théâtre du Palais-Royal.
28 février.	Baptême de Louis, premier fils de Molière et d'Armande Béjart né le 19 janvier, le roi étant le parrain et Madame la marraine. Ce fils mourra le 10 novembre de la même année.
17 mars.	*La Guerre comique, ou La Défense de l'École des femmes* de Philippe de La Croix est imprimée.
30 avril – 22 mai.	La troupe de Molière est à Versailles pour les fêtes des « Plaisirs de l'île enchantée ».

L'ÉCOLE DES FEMMES

INTRODUCTION

L'année 1661 s'était achevée avec le succès des *Fâcheux*, qui poursuivirent une belle carrière au théâtre du Palais-Royal, à Paris, avec le ballet dont on paya les habits et tous les frais. Grâce à cette comédie-ballet, Molière s'était gagné l'intérêt et bientôt la faveur du roi, auquel il dédia la pièce imprimée, en février 1662. Signe de cette faveur : la troupe, qui était encore la troupe de Monsieur, frère unique du roi, fut commandée, par ordre du roi, pour venir jouer à la cour, en mai et en juin 1662 ; elle joua aussi pour lui au Louvre et il arriva au roi de venir l'applaudir dans son théâtre du Palais-Royal.

Ce succès exacerba la jalousie des troupes rivales, en particulier de celle de l'Hôtel de Bourgogne, qui appréciaient peu l'installation et la réussite des nouveaux venus. Le Registre de La Grange fait mention d'une démarche des comédiens de l'Hôtel de Bourgogne auprès de la reine mère, en juin ou en juillet, pour la solliciter « de leur procurer l'avantage de servir le Roi, la troupe de Molière leur donnant beaucoup de jalousie ». Il ne faudra pas oublier ce climat de rivalité et de rancœur dans les querelles à venir.

En revanche, il faut signaler comme un événement professionnel des plus heureux le retour de la troupe italienne à Paris, qui partagea désormais avec Molière le théâtre du Palais-Royal ; les Italiens y jouaient en alternance, les jours dits extraordinaires (lundi, mercredi, jeudi et samedi). Cette cohabitation fut de grand sens sur le plan esthétique, aussi bien pour les Italiens que pour Molière.

Du côté de la vie familiale, un autre événement ne fut pas sans répercussion sur la vie de la troupe, bien que ressortissant à la vie privée de Molière ; en février 1662, Molière épousa la jeune Armande Béjart, sur l'identité de laquelle on n'a cessé de s'interroger depuis le XVIIe siècle[1], en particulier à propos du lien exact avec Madeleine Béjart, unie à Molière, on le sait, par la passion et par la passion du théâtre depuis l'aventure parisienne de l'Illustre Théâtre. Rien ne permet de trancher, mais Armande n'était pas forcément la fille de Madeleine, et certainement pas celle de Molière – comme des insinuations odieuses et venimeuses tentèrent de le faire croire au roi. La passion de Molière pour Amande n'avait pas besoin du mariage ; mais ils voulurent fonder une famille, selon les normes sociales, et s'épousèrent à Saint-Germain-l'Auxerrois. Bientôt Armande – Mademoiselle Molière, comme on disait – joua dans la troupe.

L'année 1662 fut donc une année aisée et heureuse pour Molière. Elle s'acheva par la création triomphale d'une nouvelle comédie du chef de troupe : *L'École des femmes*, le 26 décembre. Ce titre rappelle évidemment la précédente *École des maris* en trois actes ; mais l'œuvre nouvelle était d'une tout autre portée. Si l'on veut bien laisser de côté les deux comédies d'intrigue à l'italienne que sont *L'Étourdi* et *Le Dépit amoureux*, ainsi que l'étrange *Dom Garcie de Navarre*, plus proche du genre sérieux, *L'École des femmes* représente la première grande comédie moliéresque originale en vers et en cinq actes. Et nous sommes en face d'un chef-d'œuvre qui allait faire du bruit, dès avant sa publication en mars 1663.

---

1   Voir Jacques Scherer, « Réflexions sur Armande Béjart », article de 1969, repris dans *Molière, Marivaux, Ionesco…*, 2007, p. 83-91.

SOURCES

D'une certaine manière cette comédie si neuve et si originale fut aussi une réécriture.

Thématiquement déjà, elle poursuit, varie et approfondit la réflexion de *L'École des maris* : c'est encore une bonne leçon donnée à un tuteur qui veut préserver du monde extérieur une jeune pupille qu'il s'est réservée pour l'épouser ; mais plus gravement odieux que le Sganarelle de *L'École des maris*, l'Arnolphe de *L'École des femmes* a fait d'Agnès une niaise qu'il s'est mitonnée pour sa jouissance personnelle, et qu'il est sur le point d'épouser. Et le déplacement des enjeux est considérable. *L'École des maris* donnait le plaisir d'une intrigue et d'un jeu comique rendus possibles par la ruse de la jeune fille et par l'aveuglement du tuteur, tout en prenant parti pour un certain féminisme. *L'École des femmes* déborde complètement la première réalisation par l'approfondissement génial des caractères et par la portée morale et idéologique de la comédie.

Comme toujours, Molière trouva aussi son bien ailleurs[2].

La source essentielle la plus vraisemblable et généralement proposée est constituée par une nouvelle de Scarron intitulée « La Précaution inutile », tirée de ses *Nouvelles tragicomiques traduites de l'espagnol en français*, de 1656[3] – « La Précaution inutile » étant la traduction d'une nouvelle espagnole de Maria de Zayas. Mais le recueil des *Novelas amorosas y ejemplares* de Maria de Zayas avait été traduit à la même époque et la traduction publiée, la même année 1656, par

---

2   Voir Claude Bourqui, *Les Sources de Molière*, 1999, p. 107-128 pour *L'École des femmes*.

3   Édition moderne par Roger Guichemerre, Paris, S.T.F.M., 1986 (« *La Précaution inutile* » aux pages 31-100).

d'Ouville. Si bien qu'en réalité, Molière a pu avoir accès à l'original espagnol, à la traduction de Scarron et à celle de d'Ouville, sans qu'on puisse trancher ! Par contre, *L'École des cocus, ou La Précaution inutile*, comédie de Dorimond, tirée de la même nouvelle traduite de l'espagnol, ne peut être considérée comme une source de *L'École des femmes*. D'autres sources, comme Straparole, doivent être écartées.

Toutefois, quels que soient les appuis extérieurs, va ressortir de manière éclatante l'originalité de Molière.

DRAMATURGIE

Très tôt, la dramaturgie de *L'École des femmes* a été critiquée. Déjà parce qu'elle répète trois fois de suite la même situation : le jeune Horace, par une confidence inappropriée, va justement raconter à Arnolphe, un ami de son père qui l'accueille chaleureusement et généreusement, ses tentatives pour approcher et enlever Agnès, sans savoir que Monsieur de la Souche qu'on lui dit être le tuteur d'Agnès est l'autre nom d'Arnolphe. Arnolphe peut donc organiser à chaque fois une parade ; mais ses précautions se retournent contre lui et s'avèrent toujours inutiles. La répétition devant finir par lasser, une reconnaissance désinvolte[4] permet un dénouement passablement romanesque et artificiel, que Molière ne prend pas très au sérieux[5] : alors qu'Arnolphe s'apprête à

---

4   Sur ce genre de reconnaissance, voir Jean de Guardia, « Anatomie de la désinvolture : Molière et la reconnaissance », *Arrêt sur scène / Scène Focus*, revue en ligne, 2013, nᵒ 2, p. 121-130.

5   Voir Charles Mazouer, « La joie des dénouements chez Molière », [in] *Molière et la fête*, Actes du colloque international de Pézenas (7-8 juin

s'en aller définitivement avec Agnès récupérée, sûr qu'il est d'avoir cette fois pris au piège les jeunes amoureux, Agnès est reconnue pour être la fille d'Enrique (opportunément tiré des coulisses), qui avait justement décidé de marier Agnès au fils d'Oronte (qui surgit lui aussi, mais après avoir été annoncé en I, 4, comme Enrique), c'est-à-dire à Horace.

Autre reproche : il n'y aurait pas d'action et tout consisterait en récits. De fait, il y a sept récits dans la comédie, dont cinq faits par Horace à Arnolphe (I, 4 ; III, 4 ; IV, 6 ; V, 2 ; V, 6). Si l'on ajoute à cela la longue scène d'exposition, remplie de copieuses déclarations, et les longs et denses monologues d'Arnolphe (III, 3 ; III, 5 ; IV, 1 ; IV, 7), on pourrait croire à une comédie quelque peu bavarde et manquant d'allant ; c'est ce que voulaient faire admettre les ennemis de Molière dans la querelle de *L'École des femmes*, et ce dont ils ne parvinrent pas à persuader le public.

Il est aisé de faire litière de tous ces reproches.

Pas d'action et trop de récits ? Molière eut beau jeu de répliquer, dans la scène 6 de *La Critique de L'École des femmes*. Outre que beaucoup d'actions se passent sur la scène, « les récits y sont des actions ». Ils permettent le déroulement de l'intrigue comique – ils devraient éviter le malheur à Arnolphe averti, qui est pourtant berné –, et de dévoiler les personnages – l'étourderie du « jeune éventé » Horace, d'un côté ; de l'autre, la confusion d'Arnolphe.

En fait, comme cela a été remarqué[6], la dramaturgie de *L'École des femmes* est artistement agencée et bien rythmée. La progression de l'action est fort maîtrisée et les répétitions semblent la ramener au point de départ, habilement.

2001), publiés sous la direction de Jean Emelina, par la ville de Pézenas, 2003, p. 201-217.

6   Voir Gabriel Conesa, « Remarques sur la structure dramatique de *L'École des femmes* », *R.H.T.*, 1978-2, p. 120-126.

D'autre part, le dramaturge a su faire alterner régulièrement des scènes plus statiques et des scènes dynamiques.
Le dialogue en lui-même porte son dynamisme : il n'est
que d'examiner en détail le mouvement de deux scènes
capitales entre Arnolphe et Agnès. Voyez l'interrogatoire
de II, 5, où l'inquiétude qu'Arnolphe doit dissimuler va
croissant jusqu'à ce fameux *le*, sommet de la scène, puis
où la confusion d'Agnès qui croit qu'elle va épouser son
galant s'attire la dénégation brutale du tuteur. Voyez encore
la confrontation de V, 4, où, devant le refus tranchant
d'Agnès de jamais aimer Arnolphe, le tuteur amoureux
passe de l'autoritarisme à la supplication, avant de revenir
à la brutalité.

Mais le dynamisme est aussi scénique, dans le jeu – qu'il
soit plus exubérant dans de véritables scènes de farce, ou
plus attaché aux sentiments et réactions des différents protagonistes. A-t-on bien réalisé l'extraordinaire performance
d'acteur que réalisait Molière dans le rôle d'Arnolphe – tour
à tour sûr de lui, obligé de se contraindre avant de faire
éclater sa rage, déconfit et retrouvant ses certitudes, atteint
par la passion amoureuse et suppliant, finalement chassé
de son rêve d'épouser une sotte ?

Action dramatique et *actio* scénique donnent une belle
énergie à la comédie. Mais ses personnages intéressent avant
tout notre dramaturge.

PROTAGONISTES

Quel que soit l'intérêt du raisonneur et raisonnable Chrysalde, l'ami honnête homme dont la sagesse doit beaucoup à La Mothe Le Vayer, l'action de *L'École des femmes* se joue à trois personnages : le barbon, sa pupille et celui qui vient troubler les projets du barbon (rappelons tout de même qu'Arnolphe n'a que 42 ans, ce qui suffit à le faire désigner de *barbon* au XVIIe siècle, mais non de nos jours!), le jeune galant amoureux d'Agnès. D'une manière radicalement différente et très diversement approfondie, tous les trois font preuve de naïveté[7].

HORACE

S'il n'est pas le plus intéressant des protagonistes, le galant Horace propose un joli portrait d'étourdi et de jeune homme irréfléchi. Certes, il ignore le double nom d'Arnolphe, mais sa persistance dans les imprudentes confidences faites à Arnolphe est réjouissante : à peine étonné que ses projets successifs aient été découverts et traversés, il garde en Arnolphe une confiance inébranlable, s'empresse de lui confier Agnès qui a fui son tuteur (V, 2), et implore même son appui contre les projets de son père (V, 6)!

Molière montre parfaitement les raisons de la naïveté d'Horace. Qu'on se reporte à la première entrevue entre Horace et Arnolphe, où l'essentiel est posé. La rencontre est pour tous deux une surprise joyeuse : Arnolphe retrouve

---

7   Voir Charles Mazouer, *Le Personnage du naïf dans le théâtre comique du Moyen Âge à Marivaux*, 1979, aux pages 181-182 (Horace), 214-219 (Agnès) et 234-239 (Arnolphe).

en Horace le fils, devenu jeune homme, d'un ami cher et lui offre spontanément sa bourse ; Horace cherchait en Arnolphe la seule attache connue dans une ville nouvelle pour lui. Naît naturellement un climat d'amitié qui entraîne, chez Horace, la confiance et les confidences. À chaque entrevue[8], Horace invoquera cette amitié pour entretenir le barbon de ses affaires, lui demandant conseil ou aide : on ne cache rien à un ami. Prêt à s'épancher, tout à fait franc, un peu vain aussi de sa bonne fortune, l'imprudent Horace livre aussitôt ses secrets. Trop plein de lui, de son aventure amoureuse, dans ses échecs et dans son bonheur, l'étourdi parle immédiatement à Arnolphe, sans assez prendre garde aux réactions d'Arnolphe, dont la fureur mal masquée indique pourtant qu'il ne partage guère le bonheur de son jeune ami !

AGNÈS

Malgré un rôle extrêmement court, Agnès reste, parmi les jeunes filles de Molière, celle dont l'aventure nous introduit le plus profondément et de la manière la plus touchante dans ce mystère de l'être qu'est l'éveil du cœur. En toute transparence, l'ingénue évolue, grâce à l'amour, du silence à la parole[9], de l'ignorance à la connaissance, de la dépendance à la liberté, bref, de l'innocence vers la maturité.

Platitude, banalités, monotonie : telle est l'impression que donnent les toutes premières répliques de la jeune fille

---

8   I, 4, v. 305 ; III, 4, v. 965 ; IV, 6, v. 1176 ; V, 2, v. 1434 ; V, 6, v. 1647. –
    Notons que dans ses cours au Conservatoire, Louis Jouvet fit travailler
    les trois premières scènes à ses élèves, avec la justesse qu'on lui connaît
    et qui nous vaut de fines notations sur le rôle d'Horace (voir *Molière et
    la comédie classique*, 1965).
9   Voir Bernard Magné, « *L'École des femmes* ou la conquête de la parole »,
    R.S.H., n° 145, 1972, p. 125-140.

en II, 5. Puis, très vite, apparaît l'aveu entier de la trans-
gression qu'elle a faite des défenses d'Arnolphe, au nom,
déjà, du plaisir. Transparente, elle ne cache pas sa rencontre
avec Horace ; elle en détaille les circonstances, avec une
belle ignorance (narration détaillée de manière enfantine ;
méconnaissance des signes et du langage de l'amour), elle la
chante. Dire sa découverte de l'amour, c'est dire un plaisir
nouveau, sa sensibilité au bonheur d'être aimée, à la caresse
des mots d'amour. Un cœur simple dévoile devant nous
les prémices du sentiment naissant.

Nous assistons bientôt au heurt de l'innocence d'Agnès
avec la morale incarnée par Arnolphe. Au fond, Agnès ignore
le mal et que l'amour puisse être le mal ; aucune défense,
chez ce personnage prémoral, ne pourrait en empêcher
l'exercice. Conséquence de l'éducation d'Arnolphe, ou
plutôt de l'absence d'éducation d'Arnolphe : devenue sotte,
ignorante de la vie et de l'amour, elle ne peut soupçonner le
danger de son idylle, ni qu'elle soit réprouvée par Arnolphe.
Méconnaissant les valeurs, Agnès ne voit pas le mal ; aucun
interdit, aucune barrière ne la retiennent dans le plaisir
qu'elle prend. C'est d'ailleurs cette différence d'appréciation
morale qui permet le quiproquo sur le fameux *le* tant
reproché à Molière, pour cela surtout accusé d'obscénité :
Arnolphe localise et hiérarchise le mal, alors qu'Agnès en
est ignorante ; se laisser prendre un ruban n'est ni moins ni
plus grave que le « dernier point » auquel pense Arnolphe,
et auquel ne peut penser Agnès. Agnès s'étonne quand le
tuteur introduit les idées de tromperie, de péché – l'idée
du mal : comment l'abandon spontané au plaisir d'être
aimée pourrait être un « péché mortel » contre quoi le
Ciel se courrouce ? Au demeurant, si le mariage supprime
le péché, qu'Arnolphe la marie ! Le quiproquo qui suit est
parfaitement compréhensible et s'explique par le candide

amour d'Agnès, persuadée que son tuteur va la marier au jeune galant. Quiproquo vite dissipé et retour à l'oppression. Un dur « Ah ! que de langage ! » lui repend la parole. La rébellion n'est pas encore de mise. Mais l'événement de l'amour – dont l'apparition est d'autant plus fulgurante qu'à dix-sept ans, « cette grande fille en retard[10] » cloîtrée, laissée dans l'ignorance du monde, des passions, est encore proche de la simplicité et de l'innocence de nature – n'a pas fini de bouleverser Agnès.

Agnès reste apparemment soumise et sans réaction quand le tuteur lui assène le terrible sermon assorti des Maximes du mariage (III, 2), mais elle tourne bientôt les ordres du tuteur : elle a bien lancé le grès mais l'a accompagné d'un billet. Lisant le billet à Arnolphe (III, 4), Horace y voit à juste raison un miracle de l'amour : « Il le faut avouer, l'amour est un grand maître ». Ce vers 900, à peu près au centre de la comédie, en éclaire bien le titre. La lettre témoigne de ce merveilleux instant où l'esprit s'éveille. Heureuse du sentiment neuf, Agnès a besoin de se dire, de communiquer avec celui qu'elle aime, tout en restant maladroite encore, et quelque peu imprudente. Mais quelle transparence ! Quel abandon de la pure nature à la spontanéité de l'amour ! Et quelle confiance dans l'aimé !

La métamorphose d'Agnès va se poursuivre, et continuer de se déchirer le voile d'ignorance et de stupidité dont le cruel tuteur a voulu étouffer le beau naturel de sa pupille[11]. Agnès s'émancipe, reçoit Horace dans sa chambre, s'enfuit avec lui – tranquillement, indifférente à la colère et aux reproches d'Arnolphe, toute à la satisfaction de son penchant amoureux.

---

10   Selon le mot de Madame Dussane.
11   Voir III, 4, vers 950-956.

Le dernier affrontement entre Agnès et son tuteur (V, 4) marque le terme de l'évolution de l'ingénue. Recouvrant sa proie, Arnolphe se heurte maintenant à une personne : Agnès a conquis l'indépendance et la parole ; désormais elle raisonne et répond – avec une franchise et une spontanéité blessantes, mais sans volonté de blesser, au nom seul de l'intégrité de son être. Elle ne doit rien à Arnolphe qui a fait d'elle une bête et une sotte, alors qu'Horace l'a éveillée à la vie ; oui, elle aime Horace et non le tuteur chez qui le mariage est « fâcheux et pénible », alors qu'il est « rempli de plaisirs » chez Horace – et comment résister à ce qui fait plaisir ? D'une réplique, elle réduit à néant la dernière tentative d'Arnolphe pour quêter son amour :

> Tenez, tous vos discours ne me touchent point l'âme :
> Horace avec deux mots en ferait plus que vous[12].

ARNOLPHE

À l'assomption d'Agnès correspond la chute d'Arnolphe qui signale, selon une thématique récurrente chez Molière, les prétentions, les difficultés et les échecs de la volonté de puissance. Autre sorte de naïveté : pour satisfaire son moi, le personnage tend à nier autrui – ce qui est illusion, chimères. *L'École des femmes*, à cet égard, nous entraîne très au-delà de *L'École des maris*.

Décidé à épouser sa pupille, Arnolphe paraît très sûr de lui. Ce bourgeois moqueur, hanté par le cocuage, ne se fait pas faute de dauber sur les mésaventures conjugales d'autrui, car il se croit à l'abri d'un sort semblable. Contre le cocuage, il croit avoir pris toutes les « sûretés » : imbu d'une conception du mariage dépassée, il a trouvé en Agnès, qu'il a élevée et modelée pour cela, une femme à son gré.

---

12 V, 4, vers 1605-1606.

Comment réaliser ce mariage sans risque ? Seules
l'innocence et l'ignorance de l'épouse lui paraissent aptes
à garantir l'honneur du mari. À cette fin, Arnolphe a mené
une entreprise diabolique. Pris de tendresse pour une enfant
de quatre ans, il l'a acquise pour la façonner à sa mode.
Pervertissant le geste créateur, transformant ce jeune être
en objet, il s'est arrogé le droit de l'éloigner du monde, de
tuer en elle l'intelligence, la possibilité de savoir, afin de « la
rendre idiote autant qu'il se pourrait[13] ». Méthodiquement,
il lui a fait un destin d'esclave, réservée à la jouissance
paisible d'un barbon ; et il se félicite du résultat (le petit
chat est mort !).

Ce vœu de toute-puissance sur l'âme d'une jeune fille,
ce rêve d'appropriation totale d'un autre être humain
constituent la naïveté la plus radicale d'Arnolphe. Il se fait
illusion quand il croit pouvoir tirer le fruit de sa politique,
quand il espère avoir « mitonné » pour lui, pendant treize
ans, l'innocente. Son erreur est de nier la liberté d'Agnès.
Le sort conjugal qu'il lui prépare pousse à l'absurde le
mépris de l'adolescente qu'il a rendue stupide : elle n'est
rien, il l'a tirée de sa « bassesse » pour lui faire l'honneur
de sa couche. Et il tente de lui inculquer une conception
du mariage faite d'absolue soumission, de dépendance,
d'austérité, de réclusion pour la femme. Voyez encore le
sermon de III, 2, suivie des Maximes. Bref, à la tyrannie
du tuteur succédera celle du mari. Agnès continuera d'être
séparée du monde extérieur et de ses risques, toujours
assimilés à la perdition, aux assauts du Malin, au péché.

Cet égoïsme proprement monstrueux ne va pas tarder à
être mis en échec, les certitudes ébranlées, les précautions
tournées. L'Agnès qu'il retrouve après son absence n'est plus

---

13   I, 1, v. 138.

qu'en apparence conforme à ses vœux et à sa politique. Le galant Horace a su toucher le cœur d'Agnès, lui a révélé qu'elle avait un cœur, en dépit du jaloux ; la séquestration a échoué. Il avait asservi et modelé cette jeune fille, sans prévoir que, dotée d'un cœur, Agnès pourrait inventer sa liberté en se livrant à l'amour, et sans l'ombre d'un scrupule car elle ignore ce qu'est le mal. Échec, souffrance et humiliation, car il doit dissimuler, se taire.

Puni de sa naïve assurance, de son outrecuidance, Arnolphe ne renonce pas à ses ambitions et s'attache à conserver son bien, à protéger son honneur. Premières alertes, premières parades. À l'acte III, il a retrouvé son assurance. Mais alors qu'il attend le récit de la défaite d'Horace, par Horace lui-même, sa chute est brutale (III, 5 et IV, 1) : il a été joué par les jeunes amants. Arnolphe passe de la jubilation à la débâcle.

Ces deux monologues sont capitaux. Arnolphe approfondit déjà, dans la souffrance et dans la colère, la conscience de son échec ; il est mortifié et humilié et en passe d'être dépouillé de son bien, blessé dans son honneur de quasi-mari. Mais il fait une plus grande découverte : au moment où il risque de la perdre, Arnolphe découvre l'étendue de sa passion pour Agnès. Sans doute entrait-il de la sensualité à l'égard de la fillette devenue jeune fille, chez qui il a surveillé les promesses et le mûrissement afin d'en déguster les fruits. Mais Arnolphe s'aperçoit maintenant qu'il aime Agnès, qu'il a besoin d'Agnès, que son bonheur dépend d'un autre être, et libre. Arnolphe avait nié la personnalité d'Agnès par système ; amoureux, il prend conscience qu'elle lui est devenue nécessaire. Et il sait maintenant qu'il n'est pas aimé.

Il lui reste à se dépouiller de sa volonté de puissance, ce qui a lieu lors de son dernier dialogue avec Agnès, en V,

4, où la jeune fille se dresse contre lui. Il veut être aimé et il butte contre la liberté d'Agnès. « Pourquoi ne m'aimer pas, Madame l'impudente[14] ? », demande d'abord le tuteur amoureux. Cependant, il admet bientôt la nécessité d'une réponse libre d'Agnès : « aime-moi[15] », supplie celui qui n'a pas su se faire aimer. Et il tente de prouver sa flamme, par un beau soupir amoureux ou en proposant de s'arracher une moitié de cheveux, sinon de se tuer – en une tirade désespérée et grotesque[16].

Les contorsions du barbon, encore possessif, ne peuvent toucher la jeune fille, qui est une dernière fois renvoyée à son esclavage. Le dénouement romanesque machiné par la providence dramatique scellera son échec définitif. Quittant la scène sur une exclamation de douleur, sans pouvoir prononcer un mot, transporté de fureur, Arnolphe est un personnage berné, bafoué dans ses précautions, volé. Ce bourgeois si sûr de lui s'est défait sous nos yeux. Alors qu'Agnès a pris la parole, Arnolphe, avec son langage solennel, pédant, dogmatique et assez rhétorique[17], la perd.

Voilà des personnages de comédie qui évoluent sur la scène.

---

14 V. 1533.
15 V. 1583.
16 Vers 1586-1604.
17 Voir René Fromilhague, « Style et psychologie dans *L'École des femmes* », *Bulletin de l'Université de Toulouse*, VI, 1960, p. 518-621. Le style révèle le personnage ; comme pour Arnolphe, c'est vrai pour Horace (structure libre et spontanéité des phrases) et pour Chrysalde (rhétorique malicieuse).

COMIQUE

Et le rire ?

On trouve évidemment le comique le plus traditionnel et le plus attendu, celui des gags scéniques. Alain et Georgette qui servent Arnolphe – des rustres non dépourvus de bon sens –, sont les acteurs d'une véritable scène de farce en II, 2, quand Arnolphe de retour veut rentrer chez lui et que ses valets refusent de lui ouvrir, avant de se précipiter et de se bousculer vers la porte – bousculade, mouvements symétriques, *lazzi*. On peut rapprocher IV, 4 où, en prévision du retour de l'intrus Horace, Arnolphe fait répéter aux deux valets leur rôle de gardiens d'Agnès, en tenant lui-même celui d'Horace.

Arnolphe et son notaire, en IV, 2, font aussi une belle scène de jeu scénique et réalisent un plaisant dialogue de sourds. La notaire mandé par Arnolphe n'est pas vu, pas pris en considération par lui, mais parvient à accrocher des réponses juridiques sur les contrats de mariage à des propos d'Arnolphe centrés sur tout autre chose : ses préoccupations pour contrer le galant qui lui vole Agnès. Jeu scénique et dynamique, mais qui a une autre portée : le dialogue révèle combien Arnolphe et le notaire spécialiste du droit sont enfermés en eux-mêmes, chacun poursuivant son dessein ou sa rêverie, sans qu'ils puissent se rejoindre, le langage ne donnant que les apparences de la communication, grâce à l'utile ambigüité des mots[18].

---

18 Pour sa mise en scène de l'Athénée, à partir de 1936, Louis Jouvet avait imaginé un dispositif assez invraisemblable, mais assez génial, pour cette scène, inscrivant dans l'espace l'absence de communication réelle entre les deux personnages : alors que le notaire était assis, Arnolphe était juché, au niveau supérieur, sur une échelle de peintre, juste à côté.

On entrevoit là que Molière a inventé une autre sorte de comique : non pas faire rire de caricatures invraisemblables, mais mettre au jour, dans la nature et dans la société, ces comportements d'eux-mêmes ridicules[19]. C'est au cœur des personnages que le sourcier Molière va chercher le ridicule ; et il met par là en œuvre une nouvelle conception de la comédie qui unit le souci du vraisemblable et l'optique comique. C'est ce que La Fontaine, puis Boileau saluèrent aussitôt.

Il va de soi que le comique engendré par les protagonistes est un comique beaucoup plus profond et infiniment plus varié, avec des nuances de rires d'une palette élargie. L'étourderie d'Horace fait sourire, avec plus ou moins d'indulgence. Les naïvetés d'Agnès font rire plus carrément, mais la sottise dans laquelle elle a été enfermée mêle de la compassion au rire ; sa révolte maladroite entraîne l'empathie, tandis que l'ingénuité de son billet amoureux, de sa déclaration amoureuse fait naître un sourire délicat devant la beauté.

Mais Arnolphe ? Il n'est pas douteux que ses déconvenues successives de trompeur trompé qui voit ses précautions tournées, les cascades de revers qui détruisent son assurance réaffirmée provoquent un rire franc. Et quoi de plus réjouissant que toutes ces scènes où le barbon doit comprimer sa rage, s'interdire d'éclater alors qu'Horace, par ses discours, dévoile ses échecs et se gausse du tuteur berné ? Haut comique éminemment psychologique, mais réalisé sur la scène par le corps, les mimiques, la voix et le débit de l'acteur[20].

---

19   Voir les travaux de Patrick Dandrey, en particulier, *Molière ou l'esthétique du ridicule*, 2ᵉ éd. en 2002.

20   Voir Charles Mazouer, « Molière et la voix de l'acteur », *Littératures classiques*, nº 12, janvier 1990, p. 261-274.

Mais, on l'a vu, Arnolphe dit sa souffrance et se prend bientôt pour un personnage tragique, soumis à un malicieux destin. Dans cette comédie, le héros Arnolphe, celui qui est mis à l'école des femmes, serait-il un personnage tragique[21] ? Que non pas ! Mais personnage burlesque, que Molière a discrédité, a rendu odieux, dont il dégrade la souffrance et à qui il veut que nous refusions notre sympathie[22]. La mise à distance et la dégradation du tragique, c'est proprement le burlesque. Tout le dessein comique de Molière est là : transformer un personnage qui souffre réellement en victime ridicule et justement ridiculisée, pour en faire rire, par le regard que le dramaturge fait porter sur lui. Qui s'apitoierait sur le malheur d'un tyran particulièrement odieux ? Une fois encore et avant bien d'autres occasions, Molière le comique exerce ici sa veine burlesque[23]. Décidément, rien de ce qui est du rire n'est étranger à Molière.

IDÉOLOGIE

À travers des êtres d'imagination que sont les personnages de théâtre, Molière touchait dangereusement des problèmes réels et graves – ce qui ne pouvait que lui attirer

21 Voir Judd D. Hubert, « *L'École des femmes*, tragédie burlesque ? », *R.S.H.*, 1960, p. 41-52.
22 Voir Raymond Picard, « Molière comique ou tragique ? Le cas d'Arnolphe », *R.H.L.F.*, 1972, 5-6, p. 769-785.
23 Sur Molière auteur burlesque, voir Jacques Morel, « Le comique moliéresque » (article de 1674, repris dans ses *Agréables Mensonges* de 1991, p. 263-267) et, récemment, Patrick Dandrey, « Molière, auteur burlesque », *Le Nouveau Moliériste*, IX, 2007, p. 11-39.

des ennuis. Et, dans sa nouvelle conception de l'œuvre comique, oui, le rire donnait à penser.

Comme *L'École des maris*, *L'École des femmes* délivre un propos – militant, dirions-nous – sur la condition des filles et des femmes, alors toute de soumission ; en ce qui concerne le mariage des jeunes filles de cette époque, la soumission était même absolue, la réalité et le droit laissant plus de liberté que l'on ne croit communément aux femmes mariées[24]. On s'amusait dans *L'École des maris* de la jalousie de Sganarelle, l'homme de l'ancien temps, et de son vœu impossible d'enfermer Isabelle pour la préserver des miasmes des idées et mœurs nouvelles. Plus gravement, à travers Arnolphe rendu ridicule, on pouvait s'inquiéter de l'entreprise du tuteur, qui pousse la volonté de domination à l'absolu de la négation de l'être d'autrui. L'un et l'autre tuteur échouent et les jeunes gens se libèrent. On a compris que Molière refusait les idées anciennes et souhaitait une promotion de la femme à plus d'indépendance – et pour leur mariage, et quand elles sont devenues épouses –, à plus de développement personnel ; voyez les positions d'Ariste et de Chrysalde (qui, dans *L'École des femmes*, pousse sa position au paradoxe et à la provocation) en matière de tolérance masculine. Sympathique combat contre la sujétion dans laquelle la société classique maintenait la femme, que Molière reprit et, au demeurant, nuança.

Mais, dans cette affaire, le dramaturge rencontrait iné-vitablement la religion ou, peut-être plus exactement, l'idéologie religieuse[25].

Agnès met en valeur la beauté du désir en s'éveillant à l'être, à la lumière de l'amour. Mais tout son rôle est une

---

24   Voir Jean Portemer, « Réflexion sur les pouvoirs de la femme selon le droit français au XVIIe siècle », *XVIIe siècle*, n° 144, 1984, p. 189-202.

25   Voir Bernard Magné, « Présence et fonction de l'idéologie religieuse dans *L'École des femmes* », *Études sur Pézenas et sa région*, IV, 3, 1973, p. 37-48.

apologie du plaisir –« le moyen de chasser ce qui fait du
plaisir ? », v. 1577 –, dans l'innocence primordiale d'une pure
nature, celle d'avant la conscience morale, d'avant la faute
et le péché, qu'Arnolphe fait intervenir brutalement. Cette
apologie du plaisir est parfaitement épicurienne, fort étrangère à la doctrine chrétienne[26] ! Quant aux tuteurs, contre ce
désir naturel, spontané et bon, ils introduisent tous deux le
dogme chrétien, de soubassement augustinien, de la nature
déchue, naturellement portée au mal et au péché tant qu'elle
reste privée de la grâce de la Rédemption. Arnolphe, qui se
dit « bon chrétien » (v. 83), justifie les mesures tyranniques
qu'il prend avant et pour le mariage, à cause de sa peur
du cocuage en fait, par l'idéologie chrétienne, au moment
même où il commet un crime contre le plus élémentaire
amour du prochain – en l'occurrence, c'est lui le pécheur,
par sa volonté de puissance diabolique, qu'un augustinien
repère vite ! Au plaisir innocent, sans faute, que chante
Agnès, il oppose une sensualité coupable (sa jouissance à lui
sera légitimée par le sacrement du mariage), les pièges et les
assauts du Malin et, pour punir l'infidélité, les chaudrons
de l'enfer ; d'une certain manière, la sexualité se voit liée à
la damnation éternelle. À travers son sermon à Agnès et les
Maximes du mariage, où de bons chrétiens ont tôt vu une
parodie pratiquée par un impie, sa vision du mariage, qui
se prétend chrétienne, est celle d'un enfermement et d'un
esclavage – vision garantie par certains aspects répressifs
de l'ordre religieux, mais bien contraire par exemple à la
doctrine paulinienne du mariage. Ce qui rend encore plus
odieuse cette utilisation, au demeurant fort discutable, du
dogme, c'est, encore une fois, qu'Arnolphe y trouve une

---

26   Voir Marie-Odile Sweetser, « La nature et le naturel chez Molière : le cas
      d'Agnès », [in] *Thèmes et genres littéraires aux XVIIe et XVIIIe siècles. Mélanges
      en l'honneur de Jacques Truchet*, Paris, PUF, 1992, p. 443-449.

caution au véritable « crime » (v. 952) dont celui que ses valets qualifient plus exactement de « hideux chrétien » (v. 417) est coupable depuis l'enfance d'Agnès. La religion est bien transformée en idéologie.

Quel chrétien ne donnerait pas raison à Molière de dénoncer les vices et les intenables justifications du tuteur, de montrer son échec, et de faire triompher l'idée d'un mariage qui soit l'épanouissement d'un amour mutuel, libre et naturel ? Mais quel chrétien ne s'empêcherait pas de voir, par la même occasion, l'idée de faute et de Rédemption, avec la possibilité de la damnation, ridiculisée et éliminée, au profit d'un instinct et d'une nature fondamentalement bonne qu'il suffirait de laisser s'épanouir ? Ce naturalisme, pas plus que l'épicurisme, n'est compatible avec un christianisme bien entendu. Et d'ailleurs, le sermon d'Arnolphe et ses maximes du mariage ridiculisent-ils seulement Arnolphe (comme le soutiendra *La Critique de L'École des femmes*), ou l'Église et son ordre[27] ? On a raison, selon nous, de voir en Molière un authentique libertin[28].

Aussi immédiat que fut le succès[29], aussi immédiates furent les attaques contre *L'École des femmes*, venues de tous bords : les rivaux jaloux, les traditionalistes, les dévots se liguèrent contre le chef-d'œuvre et contre sa réussite. Ce fut le point de départ de l'assez longue et relativement rude querelle de *L'École des femmes*.

---

27 Voir Charles Mazouer, « Molière et l'ordre de l'Église », [in] *Ordre et contestation au temps des classiques*, p. p. Roger Duchêne et Pierre Ronzeaud, t. I, Paris-Seattle-Tübingen, *Papers on French Seventeenth-Century Literature*, 1992 (*Biblio 17*, 73), p. 45-58.

28 Voir Anthony McKenna, *Molière, dramaturge libertin*, 2005.

29 C'est un chapitre spécial et toujours passionnant que celui de l'histoire des interprétations et mises en scène de *L'École des femmes*. Cette histoire ne doit pas être négligée dans une étude complète. .

LE TEXTE

L'édition originale connut plusieurs émissions chez les libraires qui avaient pris part au privilège du 4 février 1663 ; l'achevé d'imprimer est du 17 mars. Les mêmes libraires, dans la même année, offrirent une seconde édition, qui corrige des erreurs de la première. Notre texte de base est celui de l'édition originale, dans le tirage de Louis Billaine, dont voici la description :

L'ESCOLE / DES / FEMMES. / *COMEDIE.* / PAR I. B. P. MOLIÈRE. / A PARIS, / chez LOVIS BILLAINE, au second pilier / de la grand' Salle du palais, à la Palme, / et au Grand Cesar. / M. DC. LXIII. / *Avec Prililege du Roi.* In-12 : [12 : frontispice de Chauveau ; dédicace à Madame ; Préface ; extrait du Privilège ; liste de personnages] ; 1-93 (95 en fait, à la suite d'une erreur de pagination) ; [3].

Cet exemplaire est conservé à la BnF, Tolbiac, RES-YF-4156 (numérisé : IFN-8610785).

BIBLIOGRAPHIE

QUELQUES ÉDITIONS MODERNES

MOLIÈRE, Jean-Baptiste Poquelin, dit, *L'École des femmes*, éd. Roger Duchêne, Paris, Librairie Générale Française Le Livre de poche, 1986.

MOLIÈRE, Jean-Baptiste Poquelin, dit, *L'École des femmes*, éd. Jean Serroy, Paris, Gallimard, Folio Classique, 2013 (2000).

MOLIÈRE, Jean-Baptiste Poquelin, dit, *L'École des femmes*, éd. Patrick Dandrey, Paris, Librairie Générale Française, Le Livre de poche, 2000.

MOLIÈRE, Jean-Baptiste Poquelin, dit, *L'École des femmes*, éd. Bénédicte Louvat-Molozay, Paris, GF Flammarion, 2011.

La Querelle de L'École des femmes, comédies de Jean Donneau de Visé, Edme Boursault, Charles Robinet, A. J. Montfleury, Jean Chevalier, Philippe de La Croix, éd. Georges Mongrédien, Paris, Marcel Didier pour la S.T.F.M., 1971, 2 vol.

ÉTUDES

HUBERT, Judd D., « *L'École des femmes*, tragédie burlesque ? », *R.S.H.*, 1960, p. 41-52.

FROMILHAGUE, René, « Style et psychologie dans *L'École des femmes* », *Bulletin de l'Université de Toulouse*, VI, 1960, p. 518-621.

EHRMANN, Jacques, « Notes sur *L'École des femmes* », *R.S.H.*, janvier-mars 1963, p. 5-10.

JOUVET, Louis, *Molière et la comédie classique*, Paris, Gallimard, 1965 (Pratique du théâtre).

GUTWIRTH, Marcel, « Arnolphe et Horace », *L'Esprit créateur*, n° 6, 1966, p. 188-196.

PICARD, Raymond, « Molière comique ou tragique ? Le cas d'Arnolphe », *R.H.L.F.*, 1972, 5-6, p. 769-785.

MAGNÉ, Bernard, « *L'École des femmes* ou la conquête de la parole », *R.S.H.*, n° 145, 1972, p. 125-140.

MAGNÉ, Bernard, « Présence et fonction de l'idéologie religieuse dans *L'École des femmes* », *Études sur Pézenas et sa région*, IV, 3, 1973, p. 37-48.

CONESA, Gabriel, « Remarques sur la structure dramatique de *L'École des femmes* », *R.H.T.*, 1978-2, p. 120-126.

MAZOUER, Charles, *Le Personnage du naïf dans le théâtre comique du Moyen Âge à Marivaux*, Paris, Klincksieck, 1979 (Bibliothèque française et romane. Série C, 76).

PORTEMER, Jean, « Réflexion sur les pouvoirs de la femme selon le droit français au XVIIe siècle », *XVIIe siècle*, n° 144, 1984, p. 189-202.

SERROY, Jean, « Le petit chat est mort », *Recherches et travaux*, 1985, n° 28, p. 79-91.

MAZOUER, Charles, « Molière et la voix de l'acteur », *Littératures classiques*, n° 12, janvier 1990, p. 261-274.

MOREL, Jacques, *Agréables Mensonges. Essais sur le théâtre français du* XVII*e* *siècle*, Paris, Klincksieck, 1991 (Bibliothèque de l'âge classique, 1).

DANDREY, Patrick, *Molière ou l'esthétique du ridicule*, seconde édition revue, corrigée et augmentée, Paris, Klincksieck, 2002 (1992).

MAZOUER, Charles, « Molière et l'ordre de l'Église », [in] *Ordre et contestation au temps des classiques*, p. p. Roger Duchêne et Pierre Ronzeaud, t. I, Paris-Seattle-Tübingen, *Papers on French Seventeenth-Century Literature*, 1992 (*Biblio* 17, 73), p. 45-58.

SWEETSER, Marie-Odile, « La nature et le naturel chez Molière : le cas d'Agnès », [in] *Thèmes et genres littéraires aux* XVII*e et* XVIII*e siècles. Mélanges en l'honneur de Jacques Truchet*, Paris, PUF, 1992, p. 443-449.

FOURNIER, Nathalie, « De *La Précaution inutile* (1655) à *L'École des femmes* (1662) : la réécriture de Scarron par Molière », XVII*e siècle*, 1995, n° 186, p. 49-60.

BOURQUI, Claude, *Les Sources de Molière. Répertoire critique des sources littéraires et dramatiques*, Paris, SEDES, 1999 (Questions de littérature).

MAZOUER, Charles, « La joie des dénouements chez Molière », [in] *Molière et la fête*, Actes du colloque international de Pézenas (7-8 juin 2001), publiés sous la direction de Jean Emelina, par la ville de Pézenas, 2003, p. 201-217 (repris dans le site http://web17.free.fr pour l'*In memoriam* Roger Duchêne d'avril 2007 ; et dans les *P.F.S.C.L.*, vol. XXXVI, n° 70, 2009, p. 85-97).

MCKENNA, Anthony, *Molière, dramaturge libertin*, Paris, Champion, 2005 (Essais).

ROLLINAT, Ève, « *L'École des femmes à la scène* : pleins feux sur Arnolphe », [in] *Les Mises en scène de Molière du* XX*e siècle à nos jours*, Pézenas, Domens, 2007, p. 134-173.

SCHERER, Jacques, *Molière, Marivaux, Ionesco… 60 ans de critique*, Saint-Genouph, Nizet, 2007.

DANDREY, Patrick, « Molière, auteur burlesque », *Le Nouveau Moliériste*, IX, 2007, p. 11-39.

GAMBELLI, Delia, « *Inter nos* : Molière et la messa in scena della contestazione », [in] *Tradizione e cintestatzione, I, La letteratura di transgressione nell'Ancien Régime*, Firenze, Alinea 2009, p. 57-74.

RIFFAUD, Alain, « Pour un nouvel examen de *L'École des femmes* et des *Précieuses ridicules* (1660) de Molière », *Bulletin du Bibliophile*, 2, 2010, p. 295-321.

STEIGERWALD, Jörn, « Diskrepante Väterfiguren : Haus, Familie und Liebe in Molières *École des femmes* », *Romanistische Zeitschrift für Literaturgeschichte*, 36, 1-2, 2012, p. 25-47.

GUARDIA, Jean de, « Anatomie de la désinvolture : Molière et la reconnaissance », *Arrêt sur scène / Scène Focus*, revue en ligne, 2013, n° 2, p. 121-130.

BOURQUI, Claude et FORESTIER (Georges), « Comment Molière inventa la querelle de *L'École des femmes* », *Littératures classiques*, 81, 2013, p. 185-197.

DANDREY, Patrick, *La Guerre comique*, Paris Hermann, 2014.

EKSTEIN, Nina, « Dramatic point of view : *L'École des femmes* and *Le Misanthrope* », *P.F.S.C.L.*, 81, 2014, p. 315-341.

CORNUAILLE, Philippe, *Les Décors de Molière. 1658-1674*, Paris, PUPS, 2015.

DELMAS, Christian, « Note sur le décor de *L'École des femmes* », *R. H. T.*, janvier-mars 2016, n° 269, p. 157-162.

DICKHAUT, Kristen, « 'Plaire et instruire' ou comment Molière présente les valeurs religieuses dans *L'École des femmes* », [in] *Présences, résurgences et oublis du religieux dans les littératures française et québécoise*, Frankfurt, Peter Lang, 2017, p. 61-83.

STEIGERWALD, Jörn, « Le naturel : Molières Modellierung eines sozialen und ästhetischen Ideals (*L'École des femmes, La Critique de L'École des femmes, L'Impromptu de Versailles*) », *Romanistische Zeitschrift für Literaturgeschichte*, 41, 3-4, 2017, p. 283-305.

VARNEY-KENNEDY, Theresa, « Revisiting the 'Woman Question' in Molière's theater », [in] *Molière Re-Envisioned. Renouveau et renouvellement moliéresques*, dir. M. J. Muratore, Paris, Hermann, 2018, p. 417-441.

BLOCKER, Déborah, « La haine du plaisir et son envers : Molière et la querelle de *L'École des femmes* », *Littératures classiques*, 98, 2019, p. 119-132.

ALBANESE, Ralph, « Silence et parole dans *L'École des femmes* », *P. F. S.C. L.*, july 2021, vol. 94, p. 117-127.

L'ÉCOLE
DES
FEMMES.

Comédie.

Par I. B. P. MOLIÈRE.

À PARIS,

Chez LOVIS BILLAINE, au second Pilier
De la grand'Salle du Palais, à la Palme,
& au Grand Cesar.

M. DC. LXIII.

Avec Privilège du Roy.

À

MADAME[1]

MADAME,

Je suis le plus embarrassé homme du monde, lorsqu'il me faut dédier un livre ; et je me trouve si peu fait au style d'épître dédicatoire, que je ne sais par où sortir de celle-ci. Un autre auteur, qui serait en ma place, trouverait d'abord cent belles choses à dire de VOTRE [n. p.] [ã iij] ALTESSE ROYALE, sur le titre de L'ÉCOLE DES FEMMES, et l'offre qu'il vous en ferait. Mais pour moi, MADAME, je vous avoue mon faible[2]. Je ne sais point cet art de trouver des rapports entre des choses si peu proportionnées ; et quelques belles lumières que mes confrères les auteurs me donnent tous les jours sur de pareils sujets, je ne vois point ce que VOTRE ALTESSE ROYALE pourrait avoir à démêler avec la comédie que je lui présente. On n'est pas en peine, sans doute, comment il faut faire pour vous louer. La matière, MADAME, ne saute que trop aux yeux, et de quelque côté qu'on vous regarde, on rencontre gloire [n. p.] sur gloire, et qualités sur qualités. Vous en avez, MADAME, du côté du rang et de la naissance, qui vous font respecter de toute la terre. Vous en avez du côté des grâces, et de l'esprit et du corps, qui vous font admirer de toutes les personnes qui vous voient. Vous en avez du côté de l'âme qui, si l'on ose parler ainsi, vous font aimer de tous ceux qui ont l'honneur d'approcher de vous : je veux dire cette douceur pleine de

---

1   *Madame* est Henriette d'Angleterre, la jeune femme de Monsieur, Philippe d'Orléans, frère du roi, et protecteur de Molière.
2   Ma faiblesse.

charmes dont vous daignez tempérer la fierté des grands titres que vous portez ; cette bonté toute obligeante ; cette affabilité généreuse que vous faites paraître pour tout le monde. Et ce sont particulièrement ces dernières [n. p.] [ã iiij] pour qui je suis, et dont je sens fort bien que je ne me pourrai taire quelque jour. Mais encore une fois, MADAME, je ne sais point le biais de faire entrer ici des vérités si éclatantes ; et ce sont choses, à mon avis, et d'une trop vaste étendue et d'un mérite trop relevé, pour les vouloir renfermer dans une épître, et les mêler avec des bagatelles. Tout bien considéré, MADAME, je ne vois rien à faire ici pour moi, que de vous dédier simplement ma comédie, et de vous assurer, avec tout le respect qu'il m'est possible, que je suis de VOTRE ALTESSE ROYALE,

MADAME,

Le très humble, très obéissant et très obligé serviteur J.B. MOLIÈRE.

PRÉFACE   [n. p.]

Bien des gens ont frondé[3] d'abord[4] cette comédie ; mais les rieurs ont été pour elle, et tout le mal qu'on en a pu dire n'a pu faire qu'elle n'ait eu un succès, dont je me contente. Je sais qu'on attend de moi, dans cette impression[5], quelque préface qui réponde aux censeurs, et rende raison

---

3   *Fronder*, c'est critiquer.
4   Aussitôt.
5   Dans cette édition de ma comédie.

de mon ouvrage ; et sans doute[6] que je suis assez redevable
à toutes les personnes qui lui ont donné leur approbation,
pour me croire obligé de défendre leur jugement contre
celui des autres ; mais il se trouve qu'une grande partie
des choses que j'aurais à dire sur ce sujet est déjà dans une
dissertation que j'ai faite en dialogue, et dont je ne sais
encore ce que je ferai. L'idée de ce dialogue, ou si l'on veut
de cette petite comédie[7], me vint après les deux ou trois
premières représentations de ma pièce. Je la dis, cette idée,
dans une maison où je me trouvai un soir ; et d'abord une
personne de qualité[8], dont l'esprit est assez connu dans le
[n. p.] monde, et qui me fait l'honneur de m'aimer, trouva
le projet assez à son gré, non seulement pour me solliciter
d'y mettre la main, mais encore pour l'y mettre lui-même ;
et je fus étonné que deux jours après il me montra toute
l'affaire exécutée, d'une manière, à la vérité, beaucoup plus
galante et plus spirituelle que je ne puis faire, mais où je
trouvai des choses trop avantageuses pour moi, et j'eus
peur que si je produisais cet ouvrage sur notre théâtre, on
ne m'accusât d'abord d'avoir mendié les louanges qu'on
m'y donnait. Cependant cela m'empêcha, par quelque
considération, d'achever ce que j'avais commencé ; mais
tant de gens me pressent tous les jours de le faire, que je
ne sais ce qui en sera ; et cette incertitude est cause que je
ne mets point dans cette préface ce qu'on verra dans *La
Critique*, en cas que je me résolve à la faire paraître. S'il
faut que cela soit, je le dis encore, ce sera seulement pour
venger le public du chagrin délicat[9] de certaines gens ;

6   Assurément.
7   Ce sera de fait *La Critique de L'École des femmes*, ici annoncée.
8   Il s'agit de l'abbé Du Buisson, un ami de Molière.
9   Humeur maussade (*chagrin*) de ceux qui se montrent trop difficiles
     (*délicat*).

car, pour moi, je m'en tiens assez vengé par la réussite de ma comédie ; et je souhaite que toutes celles que je pourrai faire soient traitées par eux comme celle-ci, pourvu que le reste suive de même.

EXTRAIT DU PRIVILÈGE DU ROI   [n. p]

Par grâce et privilège du Roi, donné à Paris, le 4e février 1663. Signé par le Roi en son Conseil, GUITONNEAU. Il est permis à GUILLAUME DE LUYNE marchand-libraire de notre bonne ville de Paris, de faire imprimer une pièce de théâtre, de la composition du Sieur MOLIÈRE, intitulée *L'École des femmes*, pendant le temps de six années. Et défenses sont faites à toutes personnes de quelque qualité et condition qu'elles soient, d'imprimer, vendre ni débiter ladite comédie de *L'École des femmes*, à peine de mille livres d'amende, et de tous dépens, dommages et intérêts. Comme il est plus amplement porté par lesdites Lettres.

Achevé d'imprimer pour la première fois, le 17e mars 1663.

Les exemplaires ont été fournis.

Registré sur le Livre de la Communauté des marchands-libraires et imprimeurs, le 16e mars 1663.

Signé : DUBRAY, Syndic.

Et ledit DE LUYNE a fait part du Privilège ci-dessus aux Sieurs SERCY, JOLY, BILLAINE, LOYSON,

GUIGNARD, BARBIN et QUINET, pour en jouir le temps porté par icelui.

LES PERSONNAGES[10]

ARNOLPHE[11], autrement Monsieur de la Souche.

AGNÈS[12], jeune fille innocente élevée par Arnolphe.

HORACE, amant d'Agnès.

ALAIN, paysan, valet d'Arnolphe.

GEORGETTE, paysanne, servante d'Arnolphe.

CHRYSALDE, ami d'Arnolphe.

ENRIQUE, beau-frère de Chrysalde.

ORONTE, père d'Horace, et grand ami d'Arnolphe.

La scène est dans une place de ville.

---

10 La distribution de 1663 est sûre pour Arnolphe (Molière), Agnès
    (Mademoiselle De Brie), Horace (La Grange), Alain (Brécourt) et Chrysalde
    (L'Espy).
11 On faisait de saint Arnolphe le patron des cocus...
12 Sainte Agnès passait pour la patronne de la chasteté.

L'ÉCOLE DES FEMMES

[1]

COMÉDIE

ACTE I

Scène PREMIÈRE
CHRYSALDE, ARNOLPHE

CHRYSALDE
Vous venez, dites-vous, pour lui donner la main[13] ?

ARNOLPHE
Oui, je veux terminer la chose dans demain[14].

CHRYSALDE
Nous sommes ici seuls, et l'on peut, ce me semble,
Sans craindre d'être ouïs, y discourir ensemble. [A] [2]
5   Voulez-vous qu'en ami je vous ouvre mon cœur ?
Votre dessein, pour vous, me fait trembler de peur ;
Et de quelque façon que vous tourniez l'affaire,
Prendre femme est à vous un coup bien téméraire.

ARNOLPHE
Il est vrai, notre ami. Peut-être que chez vous
10   Vous trouvez des sujets de craindre pour chez nous ;
Et votre front, je crois, veut que du mariage

---

13 *Donner la main* : épouser.
14 Dès demain.

Les cornes[15] soient partout l'infaillible apanage.

CHRYSALDE

Ce sont coups du hasard, dont on n'est point garant[16] ;
Et bien sot, ce me semble, est le soin qu'on en prend.
15   Mais quand je crains pour vous, c'est cette raillerie
Dont cent pauvres maris ont souffert la furie.
Car enfin vous savez qu'il n'est grands ni petits
Que de votre critique on ait vus garantis ;
Que[17] vos plus grands plaisirs sont, partout où
                                        [vous êtes,
20   De faire cent éclats des intrigues secrètes[18]…

ARNOLPHE

Fort bien : est-il au monde une autre ville aussi,
Où l'on ait des maris si patients qu'ici ?
Est-ce qu'on n'en voit pas, de toutes les espèces,
Qui sont accommodés[19] chez eux de toutes pièces ?
25   L'un amasse du bien dont sa femme fait part
À ceux qui prennent soin de le faire cornard[20].
L'autre un peu plus heureux, mais non pas moins
                                        [infâme,
Voit faire tous les jours des présents à sa femme,
Et d'aucun soin jaloux n'a l'esprit combattu,
30   Parce qu'elle lui dit que c'est pour sa vertu[21].
L'un fait beaucoup de bruit, qui ne lui sert de guère ;
L'autre, en toute douceur, laisse aller les affaires,

---

15   Les cornes sont le symbole du cocuage.
16   *Garant* : responsable.
17   Autre tirage de 1663 : *Car.*
18   Faire du scandale en divulguant des intrigues secrètes.
19   *Accommodés* : maltraités.
20   Le *cornard* est celui qui porte des cornes, celui que sa femme trompe.
21   Que c'est en hommage rendu à sa vertu, à son mérite de manière générale.

Et voyant arriver chez lui le damoiseau,
Prend fort honnêtement ses gants et son manteau.
35   L'une de son galant, en adroite femelle,   [3]
Fait fausse confidence à son époux fidèle,
Qui dort en sûreté sur un pareil appât,
Et le plaint, ce galant, des soins qu'il ne perd pas.
L'autre, pour se purger de sa magnificence[22],
40   Dit qu'elle gagne au jeu l'argent qu'elle dépense ;
Et le mari benêt, sans songer à quel jeu,
Sur les gains qu'elle fait, rend des grâces à Dieu.
Enfin, ce sont partout des sujets de satire,
Et comme spectateur ne puis-je pas en rire ?
45   Puis-je pas de nos sots[23]...

CHRYSALDE
                    Oui ; mais qui rit d'autrui
Doit craindre qu'en revanche on rie aussi de lui.
J'entends parler le monde, et des gens se délassent
À venir débiter les choses qui se passent.
Mais quoi que l'on divulgue aux endroits où je suis,
50   Jamais on ne m'a vu triompher[24] de ces bruits.
J'y suis assez modeste ; et bien qu'aux occurrences[25]
Je puisse condamner certaines tolérances,
Que mon dessein ne soit de souffrir[26] nullement
Ce que d'aucuns maris[27] souffrent paisiblement,
55   Pourtant je n'ai jamais affecté de le dire[28].

---

22 Pour se justifier de ses dépenses excessives.
23 *Être sot,* c'est, particulièrement, être cocu.
24 *Triompher* : « se réjouir, être fort aise » (Richelet).
25 À l'occasion.
26 Supporter.
27 Autre tirage de 1663 : *Ce que quelques maris.*
28 Je n'ai jamais désiré, aimé le dire.

Car enfin il faut craindre un revers de satire[29],
Et l'on ne doit jamais jurer, sur de tels cas,
De ce qu'on pourra faire, ou bien ne faire pas.
Ainsi, quand à mon front, par un sort qui tout mène,
60   Il serait arrivé quelque disgrâce humaine,
Après mon procédé, je suis presque certain
Qu'on se contentera de s'en rire sous main ;
Et peut-être qu'encor j'aurai cet avantage
Que quelques bonnes gens diront que c'est dommage !
65   Mais de vous, cher compère, il en est autrement ;
Je vous le dis encor, vous risquez diablement. [A ij] [4]
Comme sur les maris accusés de souffrance[30]
De tout temps votre langue a daubé[31] d'importance[32],
70   Vous devez marcher droit, pour n'être point berné[33] ;
Et s'il faut que sur vous on ait la moindre prise,
Gare qu'aux carrefours on ne vous tympanise[34],
Et…

ARNOLPHE

Mon Dieu, notre ami, ne vous tourmentez point ;
Bien huppé[35] qui pourra m'attraper sur ce point.
75   Je sais les tours rusés, et les subtiles trames,
Dont, pour nous en planter[36], savent user les femmes,
Et comme on est dupé par leurs dextérités.
Contre cet accident j'ai pris mes sûretés,

---

29 Un malheureux retournement de la situation, le satirique devenant la cible de la satire.
30 *Souffrance* : tolérance (celle des maris trop complaisants).
31 *Dauber* : railler, dénigrer.
32 *D'importance* : beaucoup, avec force.
33 *Berner* : tourner en ridicule, bafouer.
34 *Tympaniser* : railler publiquement.
35 Mot du style familier, selon Richelet : fin, adroit.
36 Pour nous planter les cornes de cocu.

Et celle que j'épouse a toute l'innocence
80   Qui peut sauver mon front de maligne influence[37].

CHRYSALDE

Et que prétendez-vous qu'une sotte, en un mot...

ARNOLPHE

Épouser une sotte est pour n'être point sot.
Je crois, en bon chrétien[38], votre moitié fort sage ;
Mais une femme habile[39] est un mauvais présage,
85   Et je sais ce qu'il coûte à de certaines gens,
Pour avoir pris les leurs avec trop de talents.
Moi, j'irais me charger d'une spirituelle,
Qui ne parlerait rien que cercle et que ruelle[40] ?
Qui de prose et de vers ferait de doux écrits,
90   Et que visiteraient marquis et beaux esprits,
Tandis que, sous le nom du mari de Madame,
Je serais comme un saint que pas un de réclame[41] ?
Non, non, je ne veux point d'un esprit qui soit haut,
Et femme qui compose en sait plus qu'il ne faut.
95   Je prétends que la mienne, en clartés peu sublime[42],
Même ne sache pas ce que c'est qu'une rime ;
Et s'il faut qu'avec elle on joue au corbillon[43],   [5]

---

37 L'influence mauvaise (*maligne*), méchante, qui vient, croyait-on, des astres.
38 En tant que bon chrétien qui n'est pas porté à la médisance.
39 *Habile* : intelligente, sensée et cultivée.
40 Allusions aux assemblées principalement composées de femmes (*cercles*),
    et à l'alcôve (la *ruelle*, qui est l'espace entre le lit et le mur) où les dames
    de qualité recevaient leurs invités.
41 Que personne n'invoque, n'implore.
42 Dont les connaissances (*clartés*) soient rudimentaires (*peu sublimes*).
43 Le *corbillon* « est un petit jeu d'enfants où on s'exerce à rimer en *-on* »
    (FUR.). Mais, au sens propre, le *corbillon* est une petite corbeille qui sert
    entre autres à mettre des pâtisseries. La femme que désire Arnolphe
    doit être si ignorante que, si elle joue au corbillon, ignorant ce que c'est

Et qu'on vienne à lui dire, à son tour : « Qu'y
                                   [met-on ? »,
Je veux qu'elle réponde : « Une tarte à la crème ».
100   En un mot, qu'elle soit d'une ignorance extrême.
Et c'est assez pour elle, à vous en bien parler,
De savoir prier Dieu, m'aimer, coudre et filer.

CHRYSALDE

Une femme stupide est donc votre marotte[44] ?

ARNOLPHE

Tant, que j'aimerais mieux une laide, bien sotte,
105   Qu'une femme fort belle avec beaucoup d'esprit.

CHRYSALDE

L'esprit et la beauté…

ARNOLPHE

                  L'honnêteté suffit.

CHRYSALDE

Mais comment voulez-vous, après tout, qu'une bête
Puisse jamais savoir ce que c'est qu'être honnête ?
Outre qu'il est assez ennuyeux, que je crois[45],
110   D'avoir toute sa vie une bête avec soi,
Pensez-vous le bien prendre[46], et que sur votre idée
La sûreté d'un front puisse être bien fondée ?
Une femme d'esprit peut trahir son devoir ;

---

qu'une rime, elle ne pense qu'au sens propre du mot *corbillon* et réponde
qu'on y mette une *tarte à la crème* !

44   *Marotte* se dit d'une passion violente qui dérègle gravement l'esprit,
précise FUR.

45   Selon ce que je crois, à mon avis.

46   Pensez-vous adopter la bonne conduite, faire le bon choix.

Mais il faut pour le moins qu'elle ose le vouloir ;
115   Et la stupide au sien peut manquer d'ordinaire,
Sans en avoir l'envie, et sans penser le faire.

ARNOLPHE

À ce bel argument, à ce discours profond,
Ce que Pantagruel à Panurge répond[47] :
Pressez-moi de me joindre à femme autre que sotte,
120   Prêchez, patrocinez jusqu'à la Pentecôte,
Vous serez ébahi, quand vous serez au bout,
Que vous ne m'aurez rien persuadé du tout[48]. [A iij] [6]

CHRYSALDE

Je ne vous dis plus mot.

ARNOLPHE

                    Chacun a sa méthode.
En femme, comme en tout, je veux suivre ma mode.
125   Je me vois riche assez pour pouvoir, que je crois,
Choisir une moitié qui tienne tout de moi,
Et de qui la soumise et pleine dépendance
N'ait à me reprocher aucun bien, ni naissance[49].
Un air doux et posé, parmi d'autres enfants,
130   M'inspira de l'amour pour elle, dès quatre ans.
Sa mère se trouvant de pauvreté pressée,
De la lui demander il me vint la pensée ;
Et la bonne paysanne, apprenant mon désir,
À s'ôter cette charge eut beaucoup de plaisir.

---

47   Suppléer : Je réponds ce que…
48   Souvenir du *Tiers Livre* de Rabelais, chap. v. *Patrociner*, c'est plaider.
49   Ma moitié ne pourra blâmer ou regretter ni mon insuffisance de biens
      ni mon insuffisance de naissance, puisque elle sera dépourvue des deux.

135   Dans un petit couvent, loin de toute pratique[50],
    Je la fis élever, selon ma politique,
    C'est-à-dire ordonnant quels soins on emploierait
    Pour la rendre idiote autant qu'il se pourrait.
    Dieu merci, le succès a suivi mon attente ;
140   Et grande, je l'ai vue à tel point innocente,
    Que j'ai béni le Ciel d'avoir trouvé mon fait,
    Pour me faire une femme au gré de mon souhait.
    Je l'ai donc retirée[51] ; et comme ma demeure
    À cent sortes de monde est ouverte à toute heure,
145   Je l'ai mise à l'écart, comme il faut tout prévoir,
    Dans cette autre maison, où nul ne me vient voir ;
    Et pour ne point gâter[52] sa bonté naturelle,
    Je n'y tiens que des gens tout aussi simples qu'elle.
    Vous me direz : pourquoi cette narration ?
150   C'est pour vous rendre instruit de la précaution.
    Le résultat de tout est qu'en ami fidèle,
    Ce soir, je vous invite à souper avec elle :
    Je veux que vous puissiez un peu l'examiner,   [7]
    Et voir si de mon choix on me doit condamner.

CHRYSALDE

155   J'y consens.

ARNOLPHE

            Vous pourrez, dans cette conférence[53],
    Juger de sa personne, et de son innocence.

---

50 *Pratique* : fréquentation de quelqu'un.
51 Je l'ai sortie de son couvent et l'ai recueillie chez moi (*retirée*).
52 *Gâter* : ruiner, détruire.
53 *Conférence* : entretien, conversation privée.

CHRYSALDE

Pour cet article-là, ce que vous m'avez dit
Ne peut…

ARNOLPHE

      La vérité passe encor mon récit.
Dans ses simplicités à tous coups je l'admire,
160   Et parfois elle en dit dont je pâme de rire.
L'autre jour (pourrait-on se le persuader ?),
Elle était fort en peine, et me vint demander,
Avec une innocence à nulle autre pareille,
Si les enfants qu'on fait se faisaient par l'oreille[54].

CHRYSALDE

165   Je me réjouis fort, Seigneur Arnolphe…

ARNOLPHE

                    Bon !
Me voulez-vous toujours appeler de ce nom ?

CHRYSALDE

Ah ! malgré que j'en aie, il me vient à la bouche,
Et jamais je ne songe à Monsieur de la Souche.
Qui diable vous a fait aussi vous aviser,
170   À quarante et deux ans, de vous débaptiser ?
Et d'un vieux tronc pourri de votre métairie,
Vous faire dans le monde un nom de seigneurie ?

---

54 Les commentateurs soulignent tous que le dogme de la maternité vir-
ginale de Marie était volontiers représenté comme une conception par
l'oreille – représentation qui convient bien à l'idée que l'ignorante peut
se faire des réalités de la génération !

ARNOLPHE

Outre que la maison[55] par ce nom se connaît,
La Souche, plus qu'Arnolphe, à mes oreilles
[plaît. [A iiij] [8]

CHRYSALDE

175   Quel abus de quitter le vrai nom de ses pères,
Pour en vouloir prendre un bâti sur des chimères !
De la plupart des gens c'est la démangeaison ;
Et sans vous embrasser dans la comparaison,
Je sais un paysan qu'on appelait Gros-Pierre,
180   Qui n'ayant, pour tout bien, qu'un seul quartier
[de terre,
Y fit tout à l'entour faire un fossé bourbeux,
Et de Monsieur de l'Isle en prit le nom pompeux[56].

ARNOLPHE

Vous pourriez vous passer d'exemples de la sorte.
Mais enfin de la Souche est le nom que je porte ;
185   J'y vois de la raison, j'y trouve des appâts,
Et m'appeler de l'autre est ne m'obliger pas.

CHRYSALDE

Cependant la plupart ont peine à s'y soumettre,
Et je vois même encor des adresses de lettre…

ARNOLPHE

Je le souffre aisément de qui n'est pas instruit ;

---

55   La *maison* se dit d'une race noble, d'une famille de gens illustres.
Arnolphe-M. de la Souche n'appartient pas à une maison !
56   Molière ne s'en prend pas seulement à l'usurpation de noblesse (que
combattait le Roi), mais se moque assez clairement du jeune frère de
Corneille, Thomas, qui, très normalement, comme cadet, portait un
nom de terre, Monsieur de l'Isle.

190   Mais vous...

CHRYSALDE

Soit. Là-dessus nous n'aurons point de
[bruit[57],
Et je prendrai le soin d'accoutumer ma bouche
À ne plus vous nommer que Monsieur de la Souche.

ARNOLPHE

Adieu. Je frappe ici pour donner le bonjour,
Et dire seulement que je suis de retour.

CHRYSALDE, *s'en allant.*

195   Ma foi, je le tiens fou de toutes les manières.

ARNOLPHE

Il est un peu blessé[58] sur certaines matières.
Chose étrange de voir comme avec passion
Un chacun est chaussé de son opinion[59] !
Holà !

Scène 2   [9]

ALAIN, GEORGETTE, ARNOLPHE

ALAIN

Qui heurte ?

ARNOLPHE

Ouvrez. On aura, que je pense,
200   Grande joie à me voir, après dix jours d'absence.

---

57 *Bruit* : querelle.
58 *Blessé* : troublé, un peu fou.
59 Diérèses à la rime.

ALAIN

Qui va là ?

ARNOLPHE

Moi.

ALAIN

Georgette !

GEORGETTE

Eh bien ?

ALAIN

Ouvre là-bas[60].

GEORGETTE

Vas-y, toi.

ALAIN

Vas-y, toi.

GEORGETTE

Ma foi, je n'irai pas.

ALAIN

Je n'irai pas aussi[61].

ARNOLPHE

Belle cérémonie
Pour me laisser dehors ! Holà, ho ! je vous prie. [A v] [10]

---

60 Là en bas.
61 Je n'irai pas, moi non plus.

GEORGETTE

205 Qui frappe ?

ARNOLPHE
Votre maître.

GEORGETTE
Alain !

ALAIN
Quoi ?

GEORGETTE
C'est Monsieur,
Ouvre vite.

ALAIN
Ouvre, toi.

GEORGETTE
Je souffle notre feu.

ALAIN
J'empêche, peur du chat, que mon moineau ne sorte.

ARNOLPHE
Quiconque de vous deux n'ouvrira pas la porte
N'aura point à manger de plus de quatre jours.
210 Ha !

GEORGETTE
Par quelle raison y venir quand j'y cours ?

ALAIN

Pourquoi plutôt que moi ? Le plaisant strodagème[62] !

GEORGETTE

Ôte-toi donc de là.

ALAIN

Non, ôte-toi toi-même.

GEORGETTE

Je veux ouvrir la porte.

ALAIN

Et je veux l'ouvrir, moi.

GEORGETTE   [11]

Tu ne l'ouvriras pas.

ALAIN

Ni toi non plus.

GEORGETTE

Ni toi.

ARNOLPHE

215   Il faut que j'aie ici l'âme bien patiente.

ALAIN

Au moins, c'est moi, Monsieur.

_____

62   Déformation plaisante pour *stratagème*, mot dont Alain ignore visiblement le sens.

GEORGETTE

Je suis votre
[servante[63],

C'est moi.

ALAIN

Sans le respect de Monsieur que voilà,

Je te…

ARNOLPHE, *recevant un coup d'Alain.*

Peste !

ALAIN

Pardon.

ARNOLPHE

Voyez ce lourdaud-là !

ALAIN

C'est elle aussi, Monsieur…

ARNOLPHE

Que tous deux on se taise.

220   Songez à me répondre, et laissons la fadaise.

Eh ! bien, Alain, comment se porte-t-on ici ?

ALAIN

Monsieur, nous nous…Monsieur, nous nous por…
[Dieu merci,

Nous nous…

---

63 Formule ironique adressée à Alain, pour le contredire (c'est moi, signifie-
t-elle à Arnolphe, qui suis venue vous ouvrir), ou formule de déférence
adressé à son maître et lui laissant entendre que c'est elle qui a ouvert
la porte ? On peut hésiter.

Arnolphe ôte par trois fois le chapeau
de dessus la tête d'Alain.   [A vj] [12]

ARNOLPHE

Qui vous apprend, impertinente bête,
À parler devant moi le chapeau sur la tête ?

ALAIN

225 Vous faites bien, j'ai tort.

ARNOLPHE, *à Alain.*

Faites descendre Agnès.
À Georgette.
Lorsque je m'en allai, fut-elle triste après ?

GEORGETTE

Triste ? Non.

ARNOLPHE

Non !

GEORGETTE

Si fait.

ARNOLPHE

Pourquoi donc…

GEORGETTE

Oui, je
[meure⁶⁴,
Elle vous croyait voir de retour à toute heure ;

_____

64 Le subjonctif (*je meure* pour *que je meure*) pour souligner la force de la
rétractation.

Et nous n'oyions[65] jamais passer devant chez nous
230 Cheval, âne ou mulet, qu'elle ne prît pour vous.

Scène 3
AGNÈS, ALAIN, GEORGETTE, ARNOLPHE

ARNOLPHE

La besogne à la main, c'est un bon témoignage.
Eh bien! Agnès, je suis de retour du voyage,
En êtes-vous bien aise?

AGNÈS   [13]
Oui, Monsieur, Dieu merci.

ARNOLPHE

Et moi de vous revoir, je suis bien aise aussi.
235 Vous vous êtes toujours, comme on voit, bien portée?

AGNÈS

Hors les puces, qui m'ont la nuit inquiétée[66].

ARNOLPHE

Ah! vous aurez dans peu quelqu'un pour les chasser.

AGNÈS

Vous me ferez plaisir.

ARNOLPHE
Je le puis bien penser.
Que faites-vous donc là?

---

65 Imparfait du verbe *ouïr* (entendre).
66 Agitée, tourmentée.

AGNÈS

Je me fais des cornettes[67].
240   Vos chemises de nuit et vos coiffes[68] sont faites.

ARNOLPHE

Ah ! Voilà qui va bien. Allez, montez là-haut,
Ne vous ennuyez point, je reviendrai tantôt,
Et je vous parlerai d'affaires importantes.
                    Tous étant rentrés.
Héroïnes du temps, Mesdames les savantes,
245   Pousseuses de tendresse et de beaux sentiments[69],
Je défie à la fois tous vos vers, vos romans,
Vos lettres, billets doux, toute votre science,
De valoir cette honnête et pudique ignorance.

Scène 4   [14]

HORACE, ARNOLPHE

ARNOLPHE

Ce n'est point par le bien qu'il faut être ébloui ;
250   Et pourvu que l'honneur soit… Que vois-je ?
                    [Est-ce ?… Oui.
Je me trompe. Nenni. Si fait. Non, c'est lui-même.
Hor…

HORACE

Seigneur Ar…

---

67   *Cornette* : bonnet de nuit pour les femmes.
68   *Coiffes* : doublures des bonnets de nuit d'Arnolphe.
69   « On appelle ironiquement un *pousseur de beaux sentiments* celui que se
      pique de dire de belles choses, de belles moralités et, entre autres, ceux
      qui filent le parfait amour » (FUR.). Arnolphe s'en prend à la préciosité
      et aux précieuses.

ARNOLPHE
Horace.

HORACE
Arnolphe.

ARNOLPHE
                              Ah ! joie
                                [extrême !
Et depuis quand ici ?

HORACE
Depuis neuf jours.

ARNOLPHE
                              Vraiment…

HORACE
Je fus d'abord chez vous[70], mais inutilement.

ARNOLPHE
255   J'étais à la campagne.

HORACE
                    Oui, depuis deux journées.

ARNOLPHE
Oh ! comme les enfants croissent en peu d'années !
J'admire de le voir au point où le voilà,   [15]
Après que je l'ai vu pas plus grand que cela.

---

70   Je me rendis aussitôt chez vous.

HORACE

Vous voyez.

ARNOLPHE

    Mais, de grâce, Oronte votre père,
260 Mon bon et cher ami, que j'estime et révère,
Que fait-il ? que dit-il ? est-il toujours gaillard ?
À tout ce qui le touche, il sait que je prends part.
Nous ne nous sommes vus depuis quatre ans
                          [ensemble.

HORACE

Ni, qui plus est, écrit l'un à l'autre, me semble[71].
265 Il est, seigneur Arnolphe, encor plus gai que nous,
Et j'avais de sa part une lettre pour vous.
Mais depuis par une autre il m'apprend sa venue[72],
Et la raison encor ne m'en est pas connue.
Savez-vous qui peut être un de vos citoyens[73],
270 Qui retourne en ces lieux avec beaucoup de biens,
Qu'il s'est en quatorze ans acquis dans l'Amérique ?

ARNOLPHE

Non. Vous a-t-on point dit comme on le nomme ?

HORACE

                         [Enrique.

ARNOLPHE

Non.

---

71 Il me semble.
72 Molière pose dans les vers suivants les jalons du dénouement.
73 *Citoyen* : concitoyen, du même pays.

HORACE

Mon père m'en parle, et qu'il est revenu,
Comme s'il devait m'être entièrement connu,
275 Et m'écrit qu'en chemin ensemble ils se vont mettre,
Pour un fait important que ne dit point sa lettre.

ARNOLPHE

J'aurai certainement grande joie à le voir,
Et pour le régaler[74] je ferai mon pouvoir.
                    Après avoir lu la lettre.
Il faut, pour des amis, des lettres moins civiles, [16]
280 Et tous ces compliments sont choses inutiles ;
Sans qu'il prît le souci de m'en écrire rien,
Vous pouvez librement disposer de mon bien.

HORACE

Je suis homme à saisir les gens par leurs paroles[75],
Et j'ai présentement besoin de cent pistoles.

ARNOLPHE

285 Ma foi, c'est m'obliger que d'en user ainsi,
Et je me réjouis de les avoir ici.
Gardez aussi la bourse.

HORACE
Il faut…

ARNOLPHE
                    Laissons ce style[76].

---

74 Le recevoir et lui faire fête.
75 Les prendre au mot, dirions-nous.
76 Comme le suggère Georges Couton, Horace doit s'apprêter à proposer à
    Arnolphe un reçu de la somme prêtée ; cette précaution (ce *style* juridique)
    n'a pas lieu d'être avec le fils d'un ami.

Eh bien ! comment encor trouvez-vous cette ville ?

HORACE

Nombreuse en citoyens, superbe en bâtiments,
290   Et j'en crois merveilleux les divertissements.

ARNOLPHE

Chacun a ses plaisirs, qu'il se fait à sa guise.
Mais pour ceux que du nom de galants on baptise,
Ils ont en ce pays de quoi se contenter,
Car les femmes y sont faites à coqueter[77].
295   On trouve d'humeur douce et la brune et la blonde,
Et les maris aussi les plus bénins[78] du monde.
C'est un plaisir de prince ; et des tours que je vois,
Je me donne souvent la comédie à moi.
Peut-être en avez-vous déjà féru[79] quelqu'une.
300   Vous est-il point encore arrivé de fortune[80] ?
Les gens faits comme vous font plus que les écus,
Et vous êtes de taille à faire des cocus.

HORACE   [17]

À ne vous rien cacher de la vérité pure,
J'ai d'amour en ces lieux eu certaine aventure,
305   Et l'amitié m'oblige à vous en faire part.

ARNOLPHE

Bon ! voici de nouveau quelque conte gaillard,
Et ce sera de quoi mettre sur mes tablettes.

---

77   *Coqueter* : faire la coquette.
78   *Bénins* : faciles, favorables, bienveillants.
79   *Féru* : participe de *férir*, ici au sens figuré (et d'emploi burlesque) : « frappé d'amour ».
80   De bonne fortune.

HORACE

Mais, de grâce, qu'au moins ces choses soient secrètes.

ARNOLPHE

Oh !

HORACE

Vous n'ignorez pas qu'en ces occasions
310   Un secret éventé rompt nos prétentions.
Je vous avouerai donc avec pleine franchise,
Qu'ici d'une beauté mon âme s'est éprise.
Mes petits soins d'abord ont eu tant de succès,
Que je me suis chez elle ouvert un doux accès ;
315   Et sans trop me vanter, ni lui faire une injure,
Mes affaires y sont en fort bonne posture.

ARNOLPHE, *riant.*

Et c'est ?

HORACE, *lui montrant le logis d'Agnès.*

Un jeune objet[81] qui loge en ce logis,
Dont vous voyez d'ici que les murs sont rougis ;
Simple à la vérité, par l'erreur sans seconde
320   D'un homme qui la cache au commerce du monde,
Mais qui, dans l'ignorance où l'on veut l'asservir,
Fait briller des attraits capables de ravir,
Un air tout engageant, je ne sais quoi de tendre,
Dont il n'est point de cœur qui se puisse défendre.
325   Mais, peut-être, il n'est pas que vous n'ayez bien vu[82]
Ce jeune astre d'amour de tant d'attraits pourvu :
C'est Agnès qu'on l'appelle.

---

81 L'*objet* désigne la femme aimée.
82 Il n'est pas possible que vous n'ayez pas vu.

ARNOLPHE, *à part.*   [18]
Ah ! je crève.

HORACE

Pour l'homme,
C'est, je crois, de la Zousse, ou Source[83], qu'on le
[nomme,
Je ne me suis pas fort arrêté sur le nom ;
330 Riche, à ce qu'on m'a dit, mais des plus sensés, non ;
Et l'on m'en a parlé comme d'un ridicule.
Le connaissez-vous point ?

ARNOLPHE, *à part.*
La fâcheuse pilule !

HORACE
Eh ! vous ne dites mot ?

ARNOLPHE
Eh oui, je le connois.

HORACE
C'est un fou, n'est-ce pas ?

ARNOLPHE
Eh…

HORACE
Qu'en dites-vous ?
[quoi ?
335 Eh ? c'est-à-dire oui. Jaloux à faire rire ?

---

83 L'original porte *Souche* ; corrigé en *Source* sur un autre tirage de 1663.
Les deux leçons sont admissibles.

Sot ? Je vois qu'il en est ce que l'on m'a pu dire.
Enfin l'aimable[84] Agnès a su m'assujettir.
C'est un joli bijou, pour ne vous point mentir,
Et ce serait péché qu'une beauté si rare
340 Fût laissée au pouvoir de cet homme bizarre[85].
Pour moi, tous mes efforts, tous mes vœux les
                                    [plus doux
Vont à m'en rendre maître, en dépit du jaloux ;
Et l'argent que de vous j'emprunte avec franchise,
N'est que pour mettre à bout[86] cette juste entreprise.
345 Vous savez mieux que moi, quels que soient nos
                                    [efforts,
Que l'argent est la clef de tous les grands ressorts[87],
Et que ce doux métal qui frappe tant de têtes,
En amour, comme en guerre, avance les conquêtes.
Vous me semblez chagrin[88] ; serait-ce qu'en effet   [19]
350 Vous désapprouveriez le dessein que j'ai fait ?

ARNOLPHE
Non, c'est que je songeais…

HORACE
                    Cet entretien vous lasse ;
Adieu. J'irai chez vous tantôt vous rendre grâce.

ARNOLPHE
Ah ! faut-il…

---

84 *Aimable* : digne d'être aimée.
85 *Bizarre* : extravagant.
86 Mener à bien, à achèvement.
87 *Ressorts* : moyens secrets aptes à faire réussir une intrigue.
88 Morose.

HORACE, *revenant.*
Derechef, veuillez être discret,
Et n'allez pas, de grâce, éventer mon secret.

ARNOLPHE
355   Que je sens dans mon âme…!

HORACE, *revenant.*
                              Et surtout à mon père,
Qui s'en ferait peut-être un sujet de colère.

ARNOLPHE, *croyant qu'il revient encore.*
Oh!… Oh! que j'ai souffert durant cet entretien!
Jamais trouble d'esprit ne fut égal au mien.
Avec quelle imprudence, et quelle hâte extrême,
360   Il m'est venu conter cette affaire à moi-même!
Bien que mon autre nom le tienne dans l'erreur,
Étourdi montra-t-il jamais tant de fureur[89]?
Mais ayant tant souffert, je devais me contraindre,
Jusques à m'éclaircir de ce que je dois craindre,
365   À pousser jusqu'au bout son caquet indiscret,
Et savoir pleinement leur commerce[90] secret.
Tâchons à le rejoindre : il n'est pas loin, je pense;
Tirons-en de ce fait l'entière confidence.
Je tremble du malheur qui m'en peut arriver,
370   Et l'on cherche souvent plus qu'on ne veut trouver.

Fin du premier Acte.

---

89 *Fureur* : folie.
90 *Commerce* : relation.

ACTE II   [20]

Scène PREMIÈRE

ARNOLPHE

Il m'est, lorsque j'y pense, avantageux sans doute
D'avoir perdu mes pas et pu manquer sa route :
Car enfin, de mon cœur le trouble impérieux,
N'eût pu se renfermer tout entier à ses yeux ;
375   Il eût fait éclater l'ennui[91] qui me dévore,
Et je ne voudrais pas qu'il sût ce qu'il ignore.
Mais je ne suis pas homme à gober le morceau[92],
Et laisser un champ libre aux vœux du damoiseau.
J'en veux rompre le cours, et sans tarder, apprendre
380   Jusqu'où l'intelligence entre eux a pu s'étendre.
J'y prends, pour mon honneur, un notable intérêt :
Je la regarde en femme, aux termes qu'elle en est ;
Elle n'a pu faillir sans me couvrir de honte,   [21]
Et tout ce qu'elle a fait, enfin est sur mon compte.
Éloignement fatal ! Voyage malheureux !
                Frappant à la porte.

Scène 2
ALAIN, GEORGETTE, ARNOLPHE

ALAIN
Ah ! Monsieur, cette fois…

---

91   *Ennui* a au XVIIe siècle le sens fort de « tourment », « désespoir ».
92   À me laisser berner. .

ARNOLPHE

Paix ! Venez çà tous deux.
Passez là, passez là. Venez là ; venez, dis-je.

GEORGETTE

Ah ! vous me faites peur, et tout mon sang se fige.

ARNOLPHE

C'est donc ainsi, qu'absent, vous m'avez obéi,
390   Et tous deux, de concert, vous m'avez donc trahi ?

GEORGETTE

Eh ! ne me mangez pas, Monsieur, je vous conjure.

ALAIN, *à part*.

Quelque chien enragé l'a mordu, je m'assure.

ARNOLPHE

Ouf[93] ! Je ne puis parler, tant je suis prévenu[94].
Je suffoque, et voudrais me pouvoir mettre nu[95].
395   Vous avez donc souffert, ô canaille maudite,
Qu'un homme soit venu… ? Tu veux prendre la
                              [fuite ?
Il faut que sur le champ… Si tu bouges… ! Je veux
Que vous me disiez… Euh ? Oui, je veux que tous
                              [deux…
Quiconque remuera, par la mort ! je l'assomme.   [22]

---

93 *Ouf* : « particule indéclinable qui se dit absolument quand on souffre
    quelque douleur » (FUR.).
94 Tant je suis préoccupé, obsédé par ce que je crains.
95 Un jeu de scène est ici indirectement attesté : Arnolphe se débarrassait de
    son manteau et le jetait. Au reste, le passage est riche de jeux physiques
    avec la peur des valets qui doivent tomber à genoux ou veulent s'enfuir
    devant la colère de leur maître.

400   Comme[96] est-ce que chez moi s'est introduit cet
                                       [homme ?
    Eh ! parlez, dépêchez, vite, promptement, tôt,
    Sans rêver[97]. Veut-on dire ?

ALAIN *et* GEORGETTE
Ah ! ah !

GEORGETTE
Le cœur me faut[98].

ALAIN
Je meurs.

ARNOLPHE
Je suis en eau, prenons un peu d'haleine.
Il faut que je m'évente, et que je me promène.
405   Aurais-je deviné, quand je l[99]'ai vu petit,
    Qu'il croîtrait pour cela ? Ciel ! que mon cœur pâtit !
    Je pense qu'il vaut mieux que de sa propre bouche
    Je tire avec douceur l'affaire qui me touche.
    Tâchons à modérer notre ressentiment.
410   Patience, mon cœur, doucement, doucement.
    Levez-vous, et rentrant, faites qu'Agnès descende.
    Arrêtez. Sa surprise en deviendrait moins grande,
    Du chagrin[100] qui me trouble, ils[101] iraient l'avertir ;
    Et moi-même je veux l'aller faire sortir.
415   Que l'on m'attende ici.

---

96 Comment.
97 Sans songer longuement.
98 Me manque.
99 Il s'agit évidemment d'Horace.
100 *Chagrin* : irritation, accès de colère.
101 Les serviteurs Alain et Georgette.

Scène 3   [23]
ALAIN, GEORGETTE

GEORGETTE

                Mon Dieu, qu'il est terrible !
Ses regards m'ont fait peur, mais une peur horrible ;
Et jamais je ne vis un plus hideux chrétien.

ALAIN

Ce Monsieur l'a fâché, je te le disais bien.

GEORGETTE

Mais que diantre est-ce là, qu'avec tant de rudesse
420   Il nous fait au logis garder notre maîtresse ?
D'où vient qu'à tout le monde il veut tant la cacher,
Et qu'il ne saurait voir personne en approcher ?

ALAIN

C'est que cette action le met en jalousie.

GEORGETTE

Mais d'où vient qu'il est pris de cette fantaisie ?

ALAIN

425   Cela vient… Cela vient de ce qu'il est jaloux.

GEORGETTE

Oui. Mais pourquoi l'est-il ? et pourquoi ce
                         [courroux ?

ALAIN

C'est que la jalousie…entends-tu bien, Georgette,

Est une chose...là... qui fait qu'on s'inquiète[102]...
Et qui chasse les gens d'autour d'une maison.
430   Je m'en vais te bailler[103] une comparaison,
Afin de concevoir la chose davantage.   [24]
Dis-moi, n'est-il pas vrai, quand tu tiens ton potage,
Que si quelque affamé venait pour en manger,
Tu serais en colère et voudrais le charger[104] ?

GEORGETTE

435   Oui, je comprends cela.

ALAIN

                    C'est justement tout comme.
La femme est en effet le potage de l'homme ;
Et quand un homme voit d'autres hommes parfois,
Qui veulent dans sa soupe aller tremper leurs
                                    [doigts[105],
Il en montre aussitôt une colère extrême.

GEORGETTE

440   Oui ; mais pourquoi chacun n'en fait-il pas de
                                    [même ?
Et que nous en voyons qui paraissent joyeux
Lorsque leurs femmes sont avec les biaux Monsieux ?

ALAIN

C'est que chacun n'a pas cette amitié goulue
Qui n'en veut que pour soi.

---

102 Diérèse.
103 *Bailler* : donner. Le mot est vieilli dès le début du XVIIᵉ siècle, d'emploi
    familier et burlesque.
104 L'attaquer.
105 L'allusion grivoise n'a pas échappé.

GEORGETTE

Si je n'ai la berlue,

445   Je le vois qui revient.

ALAIN

Tes yeux sont bons, c'est lui.

GEORGETTE

Vois comme il est chagrin[106].

ALAIN

C'est qu'il a de l'ennui[107].

Scène 4   [25]

ARNOLPHE, AGNÈS, ALAIN, GEORGETTE

ARNOLPHE

Un certain Grec disait à l'empereur Auguste,
Comme une instruction utile, autant que juste,
Que lorsqu'une aventure en colère nous met,
450   Nous devons avant tout dire notre alphabet,
Afin que dans ce temps la bile se tempère,
Et qu'on ne fasse rien que l'on ne doive faire[108].
J'ai suivi sa leçon sur le sujet d'Agnès ;
Et je la fais venir dans ce lieu tout exprès,
455   Sous prétexte d'y faire un tour de promenade,
Afin que les soupçons de mon esprit malade
Puissent sur le discours la mettre adroitement,
Et lui sondant le cœur s'éclaircir doucement.

---

106 Voir au v. 349.
107 Voir au v. 375.
108 L'anecdote vient de Plutarque (*Apophtegmes des rois et des généraux*, XX :
    Apophtegmes de César Auguste).

Venez, Agnès. Rentrez[109].

Scène 5
ARNOLPHE, AGNÈS

ARNOLPHE
                    La promenade est belle.

AGNÈS
460   Fort belle.

ARNOLPHE
    Le beau jour !

AGNÈS
                    Fort beau !

ARNOLPHE
                        Quelle nouvelle ?

AGNÈS
    Le petit chat est mort.

ARNOLPHE   [D] [26]
                    C'est dommage ; mais quoi ?
Nous sommes tous mortels, et chacun est pour soi.
Lorsque j'étais aux champs n'a-t-il point fait de
                        [pluie ?

AGNÈS
    Non.

---

109 Cette dernière injonction s'adresse évidemment à Alain et à Georgette.

ARNOLPHE

Vous ennuyait-il ?

AGNÈS

Jamais je ne m'ennuie.

ARNOLPHE

465   Qu'avez-vous fait encor ces neuf ou dix jours-ci ?

AGNÈS

Six chemises, je pense, et six coiffes aussi.

ARNOLPHE, *ayant un peu rêvé*[110].

Le monde, chère Agnès, est une étrange chose.
Voyez la médisance, et comme chacun cause.
Quelques voisins m'ont dit qu'un jeune homme
[inconnu
470   Était en mon absence à la maison venu ;
Que vous aviez souffert[111] sa vue et ses harangues.
Mais je n'ai point pris foi sur ces méchantes langues ;
Et j'ai voulu gager que c'était faussement...

AGNÈS

Mon Dieu, ne gagez pas, vous perdriez vraiment.

ARNOLPHE

475   Quoi ! c'est la vérité qu'un homme...

AGNÈS

Chose sûre.
Il n'a presque bougé de chez nous, je vous jure.

---

110 Songé.
111 Supporté, toléré.

ARNOLPHE, *à part.*

Cet aveu qu'elle fait avec sincérité
Me marque pour le moins son ingénuité.
Mais il me semble, Agnès, si ma mémoire est
[bonne, [27]
480   Que j'avais défendu que vous vissiez personne.

AGNÈS

Oui ; mais quand le l'ai vu, vous ignorez pourquoi[112],
Et vous en auriez fait, sans doute, autant que moi.

ARNOLPHE

Peut-être. Mais enfin, contez-moi cette histoire.

AGNÈS

Elle est fort étonnante et difficile à croire.
485   J'étais sur le balcon à travailler au frais,
Lorsque je vis passer sous les arbres d'auprès
Un jeune homme bien fait, qui rencontrant ma vue,
D'une humble révérence aussitôt me salue.
Moi, pour ne point manquer à la civilité,
490   Je fis la révérence aussi de mon côté.
Soudain, il me refait une autre révérence ;
Moi, j'en refais de même une autre en diligence.
Et lui d'une troisième aussitôt repartant[113],
D'une troisième aussi j'y repars à l'instant.
495   Il passe, vient, repasse, et toujours de plus belle
Me fait à chaque fois révérence nouvelle ;
Et moi, qui tous ces tours fixement regardais,
Nouvelle révérence aussi je lui rendais.

---

112 Comprendre : vous ignorez pourquoi j'ai transgressé votre ordre après
avoir vu le jeune homme.
113 Recommençant.

Tant que, si sur ce point la nuit ne fût venue,
500   Toujours comme cela je me serais tenue.
Ne voulant point céder et recevoir l'ennui[114]
Qu'il me pût estimer moins civile que lui.

ARNOLPHE

Fort bien.

AGNÈS

Le lendemain, étant sur notre porte,
Une vieille m'aborde en parlant de la sorte :
505   « Mon enfant, le bon Dieu puisse-t-il vous bénir,
Et dans tous vos attraits longtemps vous
                                  [maintenir. [B ij] [28]
Il ne vous a pas faite une belle personne
Afin de mal user des choses qu'il vous donne.
Et vous devez savoir que vous avez blessé
510   Un cœur qui de s'en plaindre est aujourd'hui forcé ».

ARNOLPHE, *à part.*

Ah ! suppôt de Satan ! exécrable damnée !

AGNÈS

« Moi, j'ai blessé quelqu'un ? fis-je tout étonnée.
– Oui, dit-elle, blessé, mais blessé tout de bon ;
Et c'est l'homme qu'hier vous vîtes du balcon.
515   – Hélas ! qui[115] pourrait, dis-je, en avoir été cause ?
Sur lui sans y penser fis-je choir quelque chose ?
– Non, dit-elle, vos yeux on fait ce coup fatal,
Et c'est de leurs regards qu'est venu tout son mal.

---

114 Voir au v. 375.
115 Qu'est-ce qui.

        — Hé ! mon Dieu ! ma surprise est, fis-je, sans
                                        [seconde.
520   Mes yeux ont-il du mal pour en donner au monde ?
        — Oui, fit-elle, vos yeux, pour causer le trépas,
        Ma fille, ont un venin que vous ne savez pas.
        En un mot, il languit le pauvre misérable ;
        Et s'il faut, poursuivit la vieille charitable,
525   Que votre cruauté lui refuse un secours,
        C'est un homme à porter en terre dans deux jours.
        — Mon Dieu ! j'en aurais, dis-je, une douleur bien
                                          [grande.
        Mais pour le secourir, qu'est-ce qu'il me demande ?
        — Mon enfant, me dit-elle, il ne veut obtenir
530   Que le bien de vous voir et vous entretenir.
        Vos yeux peuvent eux seuls empêcher sa ruine,
        Et du mal qu'ils ont fait être la médecine.
        — Hélas ! volontiers, dis-je, et puisqu'il est ainsi,
        Il peut tant qu'il voudra me venir voir ici[116] ».

ARNOLPHE, à part.

535   Ah ! sorcière maudite, empoisonneuse d'âmes,
        Puisse l'enfer payer tes charitables trames !

AGNÈS   [29]

        Voilà comme il me vit et reçut guérison.
        Vous-même, à votre avis, n'ai-je pas eu raison ?
        Et pouvais-je, après tout, avoir la conscience
540   De le laisser mourir faute d'une assistance,
        Moi qui compatis tant aux gens qu'on fait souffrir,
        Et ne puis sans pleurer voit un poulet mourir ?

---

116 Agnès ignore évidemment absolument tout du langage figuré
    conventionnel de la séduction amoureuse.

ARNOLPHE, *bas.*

Tout cela n'est parti que d'une âme innocente ;
Et j'en dois accuser mon absence imprudente,
545   Qui sans guide a laissé cette bonté de mœurs
Exposée aux aguets des rusés séducteurs.
Je crains que le pendard, dans ses vœux téméraires,
Un peu plus fort que jeu[117] n'ait poussé les affaires.

AGNÈS

Qu'avez-vous ? vous grondez, ce me semble, un
                                    [petit[118].
550   Est-ce que c'est mal fait ce que je vous ai dit ?

ARNOLPHE

Non. Mais de cette vue apprenez-moi les suites,
Et comme[119] le jeune homme a passé ses visites.

AGNÈS

Hélas ! si vous saviez comme il était ravi,
Comme il perdit son mal, sitôt que je le vis,
555   Le présent qu'il m'a fait d'une belle cassette,
Et l'argent qu'en ont eu notre Alain et Georgette.
Vous l'aimeriez sans doute, et diriez comme nous…

ARNOLPHE

Oui ; mais que faisait-il étant seul avec vous ?

AGNÈS

Il jurait qu'il m'aimait d'une[120] amour sans seconde,

---

117 Au-delà d'un simple jeu – d'un simple flirt, dirions-nous peut-être.
118 Il me semble que vous bougonnez un petit peu.
119 Comment.
120 Rappelons qu'*amour* est féminin au XVIIᵉ siècle.

560   Et me disait des mots les plus gentils du monde,
       Des choses que jamais rien ne peut égaler,
       Et dont, toutes les fois que je l'entends parler,
       La douceur me chatouille et là-dedans remue [B iij] [30]
       Certain je ne sais quoi, dont je suis tout émue.

                    ARNOLPHE, *à part.*
565   Ô fâcheux examen d'un mystère fatal,
       Où l'examinateur souffre seul tout le mal !
                        À Agnès.
       Outre tous ces discours, toutes ces gentillesses,
       Ne vous faisait-il point quelques caresses ?

                        AGNÈS
       Oh, tant ! Il me prenait et les mains et les bras,
570   Et de me les baiser il n'était jamais las.

                      ARNOLPHE
       Ne vous a-t-il point pris, Agnès, quelque autre
                                            [chose…
                  La voyant interdite.
       Ouf[121] !

                        AGNÈS
            Hé ! il m'a…

                      ARNOLPHE
            Quoi ?

                        AGNÈS
                 Pris…

_____

121 Voir au v. 393.

ARNOLPHE
Euh !

AGNÈS
Le[122]…

ARNOLPHE
Plaît-il ?

AGNÈS
Je n'ose,
Et vous vous fâcherez peut-être contre moi.

ARNOLPHE
Non.

AGNÈS
Si fait.

ARNOLPHE
Mon Dieu ! non.

AGNÈS
Jurez donc votre foi. [31]

ARNOLPHE
575   Ma foi, soit.

AGNÈS
Il m'a pris… Vous serez en colère.

ARNOLPHE
Non.

---

122 Les adversaires de Molière ont fait un sort fameux à ce *le* équivoque.

AGNÈS

Si.

ARNOLPHE

Non, non, non, non ! Diantre, que de
[mystère !
Qu'est-ce qu'il vous a pris ?

AGNÈS

Il...

ARNOLPHE, *à part.*

Je souffre en damné.

AGNÈS

Il m'a pris le ruban que vous m'aviez donné.
À vous dire le vrai, je n'ai pu m'en défendre.

ARNOLPHE, *reprenant haleine.*

580 Passe pour le ruban. Mais je voulais apprendre
S'il ne vous a rien fait que vous baiser les bras.

AGNÈS

Comment ? Est-ce qu'on fait d'autres choses ?

ARNOLPHE

Non pas.
Mais pour guérir du mal qu'il dit qui le possède,
N'a-t-il point exigé de vous d'autre remède ?

AGNÈS

585 Non. Vous pouvez juger, s'il en eût demandé,
Que pour le secourir j'aurais tout accordé.

ARNOLPHE   [B iiij] [32]

Grâce aux bontés du Ciel, j'en suis quitte à bon
                                        [compte.
Si j'y retombe plus je veux bien qu'on m'affronte[123].
Chut. De votre innocence, Agnès, c'est un effet,
590   Je ne vous en dis mot, ce qui s'est fait est fait.
Je sais qu'en vous flattant[124] le galant ne désire
Que de vous abuser, et puis après s'en rire.

AGNÈS

Oh ! point. Il me l'a dit plus de vingt fois à moi.

ARNOLPHE

Ah ! vous ne savez pas ce que c'est que sa foi[125].
595   Mais enfin, apprenez qu'accepter des cassettes,
Et de ces beaux blondins[126] écouter les sornettes,
Que se laisser par eux, à force de langueur,
Baiser ainsi les mains et chatouiller le cœur,
Est un péché mortel des plus gros qu'il se fasse[127].

AGNÈS

600   Un péché, dites-vous ? Et la raison, de grâce ?

ARNOLPHE

La raison ? La raison est l'arrêt prononcé

---

123 Si je me fais attraper une autre fois, je veux bien qu'on se joue de moi, je
     mérite qu'on se joue de moi. Ces deux vers sont évidemment un aparté.
124 En vous courtisant, en vous enjôlant.
125 Ce que vaut sa parole, quelle est sa loyauté.
126 Un *blondin* est un jeune galant (le *blondin* est d'abord celui qui porte
     cheveux blonds ou perruque blonde).
127 *Le péché mortel* (opposé au péché véniel) est de fait la plus grave infraction
     à la Loi de Dieu et détourne l'homme de Lui. Hors mariage, l'amour et
     ses plaisirs ne sont que désir désordonné, luxure et péché. Cette doctrine
     sur le plaisir et la sexualité arrange fort Arnolphe !

Que par ces actions le Ciel est courroucé.

AGNÈS

Courroucé ! Mais pourquoi faut-il qu'il s'en
                                      [courrouce ?
C'est une chose, hélas ! si plaisante et si douce !
605   J'admire quelle joie on goûte à tout cela.
Et je ne savais point encor ces choses-là.

ARNOLPHE

Oui. C'est un grand plaisir que toutes ces tendresses,
Ces propos si gentils, et ces douces caresses.
Mais il faut le goûter en toute honnêteté,
610   Et qu'en se mariant le crime[128] en soit ôté.

AGNÈS

N'est-ce plus un péché lorsque l'on se marie ?

ARNOLPHE   [33]
Non.

AGNÈS

Mariez-moi donc promptement, je vous prie.

ARNOLPHE

Si vous le souhaitez, je le souhaite aussi,
Et pour vous marier on me revoit ici.

AGNÈS

615   Est-il possible ?

---

128 La faute.

ARNOLPHE

Oui.

AGNÈS

        Que vous me ferez aise !

ARNOLPHE

Oui ; je ne doute point que l'hymen ne vous plaise.

AGNÈS

Vous nous voulez nous deux…

ARNOLPHE

        Rien de plus assuré.

AGNÈS

Que si cela se fait, je vous caresserai[129] !

ARNOLPHE

Hé ! la chose sera de ma part réciproque.

AGNÈS

620   Je ne reconnais point, pour moi, quand on se moque.
Parlez-vous tout de bon ?

ARNOLPHE

        Oui, vous le pourrez voir.

AGNÈS

Nous serons mariés ?

---

129 Il est fort probable qu'Agnès et Arnolphe ne parlent pas du même genre
    de caresses : la jeune fille pense à des marques de reconnaissance affec-
    tueuse envers le tuteur qui va la marier à Horace, et Arnolphe aux caresses
    conjugales bien concrètes qu'il escompte de son mariage avec Agnès.

ARNOLPHE
Oui.

AGNÈS
Mais quand ?

ARNOLPHE   [B v] [34]
Dès ce soir.

AGNÈS, *riant.*
Dès ce soir ?

ARNOLPHE
Dès ce soir. Cela vous fait donc rire ?

AGNÈS
Oui.

ARNOLPHE
Vous voir bien contente est ce que je désire.

AGNÈS
625   Hélas ! que je vous ai grande obligation !
Et qu'avec lui j'aurai de satisfaction !

ARNOLPHE
Avec qui ?

AGNÈS
Avec…, là.

ARNOLPHE

Là… Là n'est pas mon compte.

À choisir un mari, vous êtes un peu prompte.

C'est un autre, en un mot, que je vous tiens tout prêt,

630   Et quant au Monsieur, là…, je prétends, s'il vous
[plaît,

Dût le mettre au tombeau le mal dont il vous berce,

Qu'avec lui désormais vous rompiez tout
[commerce[130] ;

Que, venant au logis, pour votre compliment[131]

Vous lui fermiez au nez la porte honnêtement,

635   Et lui jetant, s'il heurte, un grès[132] par la fenêtre,

L'obligiez tout de bon à ne plus y paraître.

M'entendez-vous, Agnès ? Moi, caché dans un coin,

De votre procédé je serai le témoin.

AGNÈS

Las ! il est si bien fait. C'est…

ARNOLPHE

Ah ! que de langage[133] !

AGNÈS   [35]

640   Je n'aurai pas le cœur…

ARNOLPHE

Point de bruit davantage.

Montez là-haut.

---

130 Voir au v. 366.

131 *Pour votre compliment* : en guise de civilité d'accueil.

132 Un *grès* est un pavé, ou un caillou (plus maniable pour une Agnès !).

133 Que de paroles !

AGNÈS
Mais quoi, voulez-vous…

ARNOLPHE
C'est assez.
Je suis maître, je parle, allez, obéissez[134].

Fin du second Acte.

ACTE III   [B Vj] [36]

Scène PREMIÈRE
ARNOLPHE, AGNÈS, ALAIN, GEORGETTE

ARNOLPHE
Oui, tout a bien été, ma joie est sans pareille.
Vous avez là suivi mes ordres à merveille,
645   Confondu de tout point le blondin séducteur ;
Et voilà de quoi sert un sage directeur[135].
Votre innocence, Agnès, avait été surprise ;
Voyez, sans y penser, où vous vous étiez mise.
Vous enfiliez tout droit, sans mon instruction,   [37]
650   Le grand chemin d'enfer et de perdition.
De tous ces damoiseaux on sait trop les coutumes.
Ils ont de beaux canons[136], force rubans, et plumes,

---

134 Reprise exacte du *Sertorius* de Pierre Corneille, vers 1867-1868.
135 Arnolphe s'institue donc le directeur de la conscience d'Agnès. Cela
éclatera encore mieux à la scène suivante.
136 *Canons* : les fameux ornements de dentelle qui s'attachaient au-dessous
du genou.

Grands cheveux, belles dents, et des propos fort
                                                    [doux.
Mais comme je vous dis, la griffe est là-dessous,
655   Et ce sont vrais Satans, dont la gueule altérée
De l'honneur féminin cherche à faire curée[137].
Mais encore une fois, grâce au soin apporté,
Vous en êtes sortie avec honnêteté.
L'air dont je vous ai vu lui jeter cette pierre,
660   Qui de tous ses desseins a mis l'espoir par terre,
Me confirme encor mieux à ne point différer
Les noces, où je dis qu'il vous faut préparer.
Mais avant toute chose, il est bon de vous faire
Quelque petit discours, qui vous soit salutaire.
665   Un siège au frais ici. Vous[138], si jamais en rien...

                      GEORGETTE

De toutes vos leçons nous nous souviendrons bien.
Cet autre Monsieur-là nous en faisait accroire.
Mais...

                       ALAIN

S'il entre jamais, je veux jamais ne boire.
Aussi bien est-ce un sot : il nous a l'autre fois
670   Donné deux écus d'or qui n'étaient pas de poids[139].

                      ARNOLPHE

Ayez donc pour souper tout ce que je désire.
Et pour notre contrat, comme je viens de dire,
Faites venir ici, l'un ou l'autre, au retour,

---

137 L'édition de 1682, qui les fait précéder de guillemets, nous apprend que
    les vers 645-656 étaient supprimés à la représentation.
138 Il s'adresse à Georgette et à Alain.
139 Les écus d'or pouvaient être rognés et perdre de leur poids légal.

Le notaire qui loge au coin de ce carfour[140].

Scène 2   [38]

ARNOLPHE, AGNÈS

ARNOLPHE, *assis.*

675 Agnès, pour m'écouter, laissez-là votre ouvrage.
     Levez un peu la tête, et tournez le visage.
     Là[141], regardez-moi là durant cet entretien,
     Et jusqu'au moindre mot imprimez-le-vous bien.
     Je vous épouse, Agnès, et cent fois la journée
680 Vous devez bénir l'heur[142] de votre destinée,
     Contempler la bassesse où vous avez été,
     Et dans le même temps admirer ma bonté,
     Qui de ce vil état de pauvre villageoise
     Vous fait monter au rang d'honorable bourgeoise[143],
685 Et jouir de la couche et des embrassements
     D'un homme qui fuyait tous ces engagements,
     Et dont à vingt partis, fort capables de plaire,
     Le cœur a refusé l'honneur qu'il vous veut faire.
     Vous devez toujours, dis-je, avoir devant les yeux
690 Le peu que vous étiez sans ce nœud glorieux[144],
     Afin que cet objet d'autant mieux vous instruise
     À mériter l'état où je vous aurai mise,
     À toujours vous connaître[145], et faire qu'à jamais

---

140 Selon Richelet, on pouvait avoir *carfour*, en deux syllabes, comme ici,
   ou *carrefour*, en trois syllabes.
141 Didascalie de 1734 : *Mettant le doigt sur le front.* C'est aussi ce que montre
   le frontispice de l'édition originale, qui illustre précisément cette scène.
142 Le bonheur.
143 Une *bourgeoise* est une habitante de la ville.
144 Ce *nœud glorieux* est le mariage avec lui Arnolphe !
145 *Se connaître*, c'est avoir conscience de son état, de ce qu'on est.

Je puisse me louer de l'acte que je fais[146].
695   Le mariage, Agnès, n'est pas un badinage.
À d'austères devoirs le rang de femme engage,
Et vous n'y montez pas, à ce que je prétends,
Pour être libertine[147] et prendre du bon temps.
Votre sexe n'est là que pour la dépendance.   [39]
700   Du côté de la barbe est la toute-puissance.
Bien qu'on soit deux moitiés de la société,
Ces deux moitiés pourtant n'ont point d'égalité :
L'une est moitié suprême, et l'autre subalterne ;
L'une en tout est soumise à l'autre qui gouverne.
705   Et ce que le soldat dans son devoir instruit
Montre d'obéissance au chef qui le conduit,
Le valet à son maître, un enfant à son père,
À son supérieur le moindre petit frère[148],
N'approche point encor de la docilité,
710   Et de l'obéissance, et de l'humilité,
Et du profond respect où la femme doit être
Pour son mari, son chef, son seigneur et son maître.
Lorsqu'il jette sur elle un regard sérieux,
Son devoir aussitôt est de baisser les yeux,
715   Et de n'oser jamais le regarder en face
Que quand d'un doux regard il lui veut faire grâce.
C'est ce qu'entendent mal les femmes d'aujourd'hui ;
Mais ne vous gâtez pas sur l'exemple d'autrui.
Gardez-vous d'imiter ces coquettes vilaines,

---

146 Vers 687-694 supprimés à la représentation, toujours selon l'édition de
     1682.
147 Une femme est *libertine* quand elle n'obéit pas à son mari (FUR.), et,
     d'une manière générale, quand elle ne respecte pas les lois ni les règles.
148 Dans un couvent de religieux, le plus humble et le plus soumis de la
     communauté est le frère convers, ou le frère lai (laïc) – un *petit frère* qui
     n'est pas prêtre et vaque aux plus humbles tâches.

720   Dont par toute la ville on chante les fredaines,
       Et de vous laisser prendre aux assauts du Malin[149],
       C'est-à-dire d'ouïr aucun jeune blondin.
       Songez qu'en vous faisant moitié de ma personne,
       C'est mon honneur, Agnès, que je vous abandonne ;
725   Que cet honneur est tendre, et se blesse de peu ;
       Que sur un tel sujet il ne faut point de jeu ;
       Et qu'il est aux Enfers des chaudières bouillantes,
       Où l'on plonge à jamais les femmes mal vivantes.
       Ce que je vous dis là ne sont pas des chansons,
730   Et vous devez du cœur dévorer ces leçons.
       Si votre âme les suit et fuit d'être coquette,
       Elle sera toujours comme un lis blanche et nette ;
       Mais s'il faut qu'à l'honneur elle fasse un faux
                            [bond, [40]
       Elle deviendra lors noire comme un charbon.
735   Vous paraîtrez à tous un objet effroyable,
       Et vous irez un jour, vrai partage du diable,
       Bouillir dans les Enfers à toute éternité,
       Dont vous veuille garder la céleste bonté.
       Faites la révérence. Ainsi qu'une novice
740   Par cœur dans le couvent doit savoir son office[150],
       Entrant au mariage, il en faut faire autant ;
       Et voici dans ma poche un écrit important[151]

---

149 Le *Malin* est Satan, le diable, le tentateur qui se sert des blondins pour
     mener au péché et à la perdition – c'est-à-dire à l'enfer et à ses supplices
     (les *chaudières bouillantes*) les femmes coquettes et libertines.

150 *Office* est ambigu, car le mot a deux sens, utilisés ici et au v. 743. C'est
     l'ensemble des prières rituelles qui rythment la journée d'un moine
     dans son couvent ; et ce sont aussi la tâche et les devoirs attachés à un
     état – à celui de moniale ou à celui d'épouse. .

151 Cet écrit, qui couronne le véritable « sermon » (c'est ainsi qu'on désignait
     cette tirade dès le XVIIe siècle) qu'Arnolphe vient d'asséner à Agnès,
     est évidemment de l'invention de Molière. Mais le dramaturge imite

Il se lève.

Qui vous enseignera l'office de la femme.

J'en ignore l'auteur, mais c'est quelque bonne âme.

745   Et je veux que ce soit votre unique entretien.

Tenez, voyons un peu si vous le lirez bien.

AGNÈS *lit.*

LES MAXIMES
DU MARIAGE
OU
LES DEVOIRS DE
LA FEMME MARIÉE
Avec son exercice journalier

Ire MAXIME   [41]

Celle qu'un lien honnête

Fait entrer au lit d'autrui,

Doit se mettre dans la tête,

750   Malgré le train d'aujourd'hui,

Que l'homme qui la prend ne la prend que pour lui.

ARNOLPHE

Je vous expliquerai ce que cela veut dire.

Mais pour l'heure présente il ne faut rien que lire.

AGNÈS *poursuit.*

IIe MAXIME

Elle ne se doit parer

---

et parodie les très pieux et sérieux *Préceptes de mariage de saint Grégoire de Naziance, envoyés à Olympias le jour de ses noces,* traduits en stances et publiés par Desmarets de Saint-Sorlin en 1640. Par l'édition de 1682 des *Œuvres* de Molière, l'on sait que certaines des Maximes étaient supprimées à la représentation.

755   Qu'autant que peut désirer
                Le mari qui la possède.
C'est lui que touche seul le soin de sa beauté ;
                Et pour rien doit être compté
                Que les autres la trouvent laide.

            IIIᵉ MAXIME   [42]
760   Loin, ces études d'œillades,
                Ces eaux, ces blancs, ces pommades,
Et mille ingrédients qui font des teints fleuris[152].
À l'honneur tous les jours ce sont drogues mortelles ;
                Et les soins de paraître belles
765   Se prennent peu pour les maris.

            IVᵉ MAXIME
Sous sa coiffe en sortant, comme l'honneur l'ordonne,
Il faut que de ses yeux elle étouffe les coups[153],
                Car pour bien plaire à son époux,
                Elle ne doit plaire à personne.

            Vᵉ MAXIME
770 Hors ceux dont au mari la visite se rend,
                La bonne règle défend
                De recevoir aucune âme.
                Ceux qui, de galante humeur,
                N'ont affaire qu'à Madame,
775   N'accommodent pas Monsieur.

            VIᵉ MAXIME   [43]
                Il faut des présents des hommes
                Qu'elle se défende bien.
                Car dans le siècle où nous sommes
                On ne donne rien pour rien.

---

152 Toutes substances et tous produits de beauté utilisés par la coquette.
153 Les œillades assassines qui percent les cœurs masculins !

VIIe MAXIME

780   Dans ses meubles, dût-elle en avoir de l'ennui[154],
   Il ne faut écritoire, encre, papier ni plumes.
      Le mari doit, dans les bonnes coutumes,
      Écrire tout ce qui s'écrit chez lui.

VIIIe MAXIME

      Ces sociétés déréglées,
785   Qu'on nomme belles assemblées,
   Des femmes tous les jours corrompent les esprits.
   En bonne politique on les doit interdire,
      Car c'est là que l'on conspire
      Contre les pauvres maris.

IXe MAXIME   [44]

790   Toute femme qui veut à l'honneur se vouer,
      Doit se défendre de jouer,
      Comme d'une chose funeste.
      Car le jeu, fort décevant,
      Pousse une femme souvent
795   À jouer de tout son reste[155].

Xe MAXIME

      Des promenades du temps,
      Ou repas qu'on donne aux champs,
      Il ne faut point qu'elle essaye.
      Selon les prudents cerveaux,
800   Le mari, dans ces cadeaux[156],
      Est toujours celui qui paye.

XIe MAXIME...

---

154 Voir au v. 375.
155 *Jouer de son reste* : hasarder, utiliser ses dernières ressources.
156 Un *cadeau* est un divertissement offert à des dames.

ARNOLPHE

Vous achèverez seule ; et pas à pas, tantôt
Je vous expliquerai ces choses comme il faut.
Je me suis souvenu d'une petite affaire.
805 Je n'ai qu'un mot à dire, et ne tarderai guère.
Rentrez ; et conservez ce livre chèrement.
Si le notaire vient, qu'il m'attende un moment.

Scène 3   [45]

ARNOLPHE

Je ne puis faire mieux que d'en faire ma femme.
Ainsi que je voudrai je tournerai cette âme.
810 Comme un morceau de cire entre mes mains elle est,
Et je lui puis donner la forme qui me plaît.
Il s'en est peu fallu que, durant mon absence,
On ne m'ait attrapé par son trop d'innocence ;
Mais il vaut beaucoup mieux, à dire vérité,
815 Que la femme qu'on a pèche de ce côté.
De ces sortes d'erreurs le remède est facile.
Toute personne simple aux leçons est docile ;
Et si du bon chemin on l'a fait écarter,
Deux mots incontinent[157] l'y peuvent rejeter.
820 Mais une femme habile[158] est bien une autre bête.
Notre sort ne dépend que de sa seule tête ;
De ce qu'elle s'y met, rien ne la fait gauchir[159],
Et nos enseignements ne font là que blanchir[160].

---

157 *Incontinent* : aussitôt.
158 Voir au v. 84.
159 *Gauchir* : se détourner de la voie droite. – Vers 812-819 et vers 822-829
    supprimés à la représentation, selon l'édition de 1682.
160 *Blanchir* : échouer dans ses efforts.

Son bel esprit lui sert à railler nos maximes,
825   À se faire souvent des vertus de ses crimes[161],
Et trouver, pour venir à ses coupables fins,
Des détours à duper l'adresse des plus fins.
Pour se parer du coup en vain on se fatigue.
Une femme d'esprit est un diable en intrigue ;
830   Et dès que son caprice[162] a prononcé tout bas
L'arrêt de notre honneur, il faut passer le pas.
Beaucoup d'honnêtes gens en pourraient bien que
                                           [dire[163].
Enfin, mon étourdi n'aura pas lieu d'en rire.
Par son trop de caquet il a ce qu'il lui faut.   [46]
835   Voilà de nos Français l'ordinaire défaut.
Dans la possession d'une bonne fortune,
Le secret est toujours ce qui les importune ;
Et la vanité sotte a pour eux tant d'appâts,
Qu'ils se pendraient plutôt que de ne causer pas.
840   Oh ! que les femmes sont du diable bien tentées,
Lorsqu'elles vont choisir ces têtes éventées !
Et que… ! Mais le voici. Cachons-nous toujours bien,
Et découvrons un peu quel chagrin[164] est le sien.

Scène 4

HORACE, ARNOLPHE

HORACE

Je reviens de chez vous, et le destin me montre
845   Qu'il n'a pas résolu que je vous y rencontre.

---

161 Voir au v. 610.
162 *Caprice* marque un désir ou une volonté plus proches de la folie que de la fantaisie.
163 Auraient beaucoup à dire.
164 Voir au v. 413.

Mais j'irai tant de fois qu'enfin quelque moment...

ARNOLPHE

Hé! mon Dieu! n'entrons point dans ce vain
                              [compliment.
Rien ne me fâche tant que ces cérémonies,
Et si l'on m'en croyait, elles seraient bannies.
850   C'est un maudit usage, et la plupart des gens
Y perdent sottement les deux tiers de leur temps.
Mettons[165] donc sans façons. Eh bien! Vos
                              [amourettes?
Puis-je, Seigneur Horace, apprendre où vous en êtes?
J'étais tantôt distrait par quelque vision.
855   Mais depuis là-dessus j'ai fait réflexion.
De vos premiers progrès j'admire la vitesse,
Et dans l'événement[166] mon âme s'intéresse.

HORACE   [47]

Ma foi, depuis qu'à vous s'est découvert mon cœur,
Il est à mon amour arrivé du malheur.

ARNOLPHE

860   Oh, oh! comment cela?

HORACE
                              La fortune cruelle
A ramené des champs le patron de la belle.

---

165 *Mettre* ou *mettre dessus*, c'est mettre son chapeau en présence d'un supérieur
     quand celui-ci l'a autorisé.
166 *Événement* : issue, résultat ; mais au XVIIe siècle, le mot avait aussi le sens
     actuel de « ce qui arrive ».

ARNOLPHE

Quel malheur !

HORACE

Et de plus, à mon très grand regret,
Il a su de nous deux le commerce secret[167].

ARNOLPHE

D'où, diantre, a-t-il si tôt appris cette aventure[168] ?

HORACE

865   Je ne sais. Mais enfin c'est une chose sûre.
Je pensais aller rendre, à mon heure à peu près,
Ma petite visite à ses jeunes attraits,
Lorsque changeant pour moi de ton et de visage,
Et servante et valet m'ont bouché le passage,
870   Et d'un « Retirez-vous, vous nous importunez »,
M'ont assez rudement fermé la porte au nez.

ARNOLPHE

La porte au nez ?

HORACE

Au nez.

ARNOLPHE

La chose est un peu forte.

HORACE

J'ai voulu leur parler au travers de la porte ;
Mais à tous mes propos ce qu'ils ont répondu,

---

167 Voir au v. 366.
168 *Aventure* : ce qui arrive.

875   C'est « Vous n'entrerez point, Monsieur l'a défendu ».

ARNOLPHE   [48]
Ils n'ont donc point ouvert ?

HORACE
                              Non. Et de la fenêtre
Agnès m'a confirmé le retour de ce maître,
En me chassant de là d'un ton plein de fierté[169],
Accompagné d'un grès que sa main a jeté.

ARNOLPHE
880   Comment d'un grès ?

HORACE
                        D'un grès de taille non
                                        [petite,
Dont on a par ses mains régalé ma visite.

ARNOLPHE
Diantre ! ce ne sont pas des prunes que cela ;
Et je trouve fâcheux l'état où vous voilà.

HORACE
Il est vrai, je suis mal par ce retour[170] funeste.

ARNOLPHE
885   Certes, j'en suis fâché pour vous, je vous proteste[171].

---

169 D'un ton intraitable, cruel.
170 *Retour* : revers, insuccès.
171 Je vous le déclare solennellement.

HORACE

Cet homme me rompt tout[172].

ARNOLPHE

                    Oui, mais cela n'est
                                    [rien,
Et de vous raccrocher vous trouverez moyen[173].

HORACE

Il faut bien essayer, par quelque intelligence[174],
De vaincre du jaloux l'exacte vigilance.

ARNOLPHE

890   Cela vous est facile, et la fille après tout
Vous aime.

HORACE

            Assurément.

ARNOLPHE

                        Vous en viendrez à bout.

HORACE   [49]

Je l'espère.

ARNOLPHE

                Le grès vous a mis en déroute,
Mais cela ne doit pas vous étonner.

---

172 *Rompre* : renverser, mettre en désordre (terme de guerre).
173 Vous trouverez le moyen de rétablir le lien avec Agnès.
174 Par quelque accord, par quelque complicité.

HORACE

Sans doute[175].

Et j'ai compris d'abord[176] que mon homme était là

895 Qui, sans se faire voir, conduisait tout cela.

Mais ce qui m'a surpris et qui va vous surprendre,

C'est un autre incident que vous allez entendre,

Un trait hardi qu'a fait cette jeune beauté,

Et qu'on n'attendrait point de sa simplicité.

900 Il le faut avouer, l'amour est un grand maître :

Ce qu'on ne fut jamais il nous enseigne à l'être,

Et souvent de nos mœurs l'absolu changement

Devient par ses leçons l'ouvrage d'un moment.

De la nature en nous il force les obstacles,

905 Et ses effets soudains ont de l'air des miracles.

D'un avare à l'instant il fait un libéral,

Un vaillant d'un poltron, un civil d'un brutal ;

Il rend agile à tout l'âme la plus pesante,

Et donne de l'esprit à la plus innocente.

910 Oui, ce dernier miracle éclate dans Agnès ;

Car tranchant avec moi par ces termes exprès :

« Retirez-vous, mon âme aux visites renonce ;

Je sais tous vos discours, et voilà ma réponse »,

Cette pierre ou ce grès dont vous vous étonniez[177]

915 Avec un mot de lettre est tombée à mes pieds.

Et j'admire de voir cette lettre ajustée

Avec le sens des mots et la pierre jetée.

D'une telle action n'êtes-vous pas surpris ?

L'amour sait-il pas l'art d'aiguiser les esprits ?

920 Et peut-on me nier que ses flammes puissantes,

---

175 Assurément, sans aucun doute, cela ne doit pas m'ébranler ni m'abasourdir (*étonner*).

176 Voir au v. 254.

177 Qui vous avait ébranlé.

Ne fassent dans un cœur des choses
[étonnantes ? [C] [50]
Que dites-vous du tour, et de ce mot d'écrit ?
Euh ! n'admirez-vous point cette adresse d'esprit ?
Trouvez-vous pas plaisant de voir quel personnage
925 A joué mon jaloux dans tout ce badinage ?
Dites.

ARNOLPHE

Oui, fort plaisant.
Arnolphe rit d'un ris forcé.

HORACE

Riez-en donc un peu.
Cet homme, gendarmé d'abord[178] contre mon feu,
Qui chez lui se retranche et de grès fait parade,
Comme si j'y voulais entrer par escalade,
930 Qui, pour me repousser, dans son bizarre effroi[179],
Anime du dedans tous ses gens contre moi,
Et qu'abuse à ses yeux, par sa machine[180] même,
Celle qu'il veut tenir dans l'ignorance extrême.
Pour moi, je vous l'avoue, encor que son retour
935 En un grand embarras jette ici mon amour,
Je tiens cela plaisant autant qu'on saurait dire ;
Je ne puis y songer sans de bon cœur en rire.
Et vous n'en riez pas assez à mon avis.

ARNOLPHE, *avec un ris forcé.*
Pardonnez-moi, j'en ris tout autant que je puis.

---

178 Voir au v. 254.
179 Dans sa peur extravagante.
180 *Machine* : machination, combinaison.

HORACE

940   Mais il faut qu'en ami je vous montre la lettre.
Tout ce que son cœur sent, sa main a su l'y mettre ;
Mais en termes touchants, et tous pleins de bonté,
De tendresse innocente, et d'ingénuité,
De la manière enfin que la pure nature
945   Exprime de l'amour la première blessure.

ARNOLPHE, *bas.*   [51]
Voilà, friponne, à quoi l'écriture te sert ;
Et contre mon dessein l'art t'en fut découvert.

HORACE *lit.*

« Je veux vous écrire, et je suis bien en peine par où
je m'y prendrai. J'ai des pensées que je désirerais
que vous sussiez ; mais je ne sais comment faire pour
vous les dire, et je me défie de mes paroles. Comme
je commence à connaître[181] qu'on m'a toujours tenue
dans l'ignorance, j'ai peur de mettre quelque chose
qui ne soit pas bien, et d'en dire plus que je ne devrais.
En vérité, je ne sais ce que vous m'avez fait ; mais
je sens que je suis fâchée à mourir de ce qu'on me
fait faire contre vous, que j'aurai toutes les peines
du monde à me passer de vous, et que je serais bien
aise d'être à vous. Peut-être qu'il y a du mal à dire
cela ; mais enfin je ne puis m'empêcher de le dire ;
et je voudrais que cela se pût faire, sans qu'il y en
eût. On me dit fort que tous les jeunes hommes sont
des trompeurs, qu'il ne les faut point écouter, et que
tout ce que vous me dites n'est que pour m'abuser ;
mais je vous assure que je n'ai pu encore me figurer
cela de vous ; et je suis si touchée de vos paroles

---

181 À prendre conscience.

que je ne saurais croire qu'elles [C ij] [52] soient
menteuses. Dites-moi franchement ce qui en est.
Car enfin, comme je suis sans malice, vous auriez le
plus grand tort du monde, si vous me trompiez. Et
je pense que j'en mourrais de déplaisir[182]. »

ARNOLPHE

Hon, chienne !

HORACE

Qu'avez-vous ?

ARNOLPHE

Moi ? rien ; c'est que
[je tousse.

HORACE

Avez-vous jamais vu d'expression plus douce ?
950 Malgré les soins maudits d'un injuste pouvoir,
Un plus beau naturel peut-il se faire voir ?
Et n'est-ce pas sans doute[183] un crime[184] punissable,
De gâter méchamment ce fonds d'âme admirable ?
D'avoir dans l'ignorance et la stupidité
955 Voulu de cet esprit[185] étouffer la clarté ?
L'amour a commencé d'en déchirer le voile,
Et si par la faveur de quelque bonne étoile,
Je puis, comme j'espère, à ce franc animal,
Ce traître, ce bourreau, ce faquin, ce brutal…

---

182 *Déplaisir* : profonde douleur, désespoir.
183 Assurément.
184 Voir au v. 610.
185 Autre tirage de 1663 : *Voulu de cet amour.*

ARNOLPHE

960 Adieu.

HORACE

Comment, si vite ?

ARNOLPHE

Il m'est dans la pensée
Venu tout maintenant une affaire pressée.

HORACE

Mais ne sauriez-vous point, comme on la tient de
[près,
Qui dans cette maison pourrait avoir accès ?   [53]
J'en use sans scrupule ; et ce n'est pas merveille
965 Qu'on se puisse entre amis servir à la pareille[186].
Je n'ai plus là-dedans que gens pour m'observer,
Et servante et valet que je viens de trouver,
N'ont jamais, de quelque air que je m'y sois pu
[prendre,
Adoucir leur rudesse à me vouloir entendre.
970 J'avais pour de tels coups certaine vieille en main,
D'un génie[187] à vrai dire au-dessus de l'humain ;
Elle m'a dans l'abord[188] servi de bonne sorte ;
Mais depuis quatre jours la pauvre femme est morte.
Ne me pourriez-vous point ouvrir[189] quelque moyen ?

---

186 *À la pareille* : d'une manière semblable, à charge de revanche.
187 Le *génie* désigne les aptitudes naturelles.
188 *Dans l'abord* : pour commencer, en premier lieu.
189 *Ouvrir* : montrer.

ARNOLPHE

975   Non, vraiment, et sans moi vous en trouverez bien.

HORACE

Adieu donc. Vous voyez ce que je vous confie.

Scène 5

ARNOLPHE

Comme il faut devant lui que je me mortifie !
Quelle peine à cacher mon déplaisir[190] cuisant !
Quoi ! pour une innocente, un esprit si présent ?
980   Elle a feint d'être telle à mes yeux, la traîtresse,
Ou le diable à son âme a soufflé cette adresse.
Enfin, me voilà mort par ce funeste écrit[191].
Je vois qu'il a, le traître, empaumé[192] son esprit,
Qu'à ma suppression[193] il s'est ancré chez elle ;   [C iij] [54]
985   Et c'est mon désespoir, et ma peine mortelle.
Je souffre doublement dans le vol de son cœur,
Et l'amour y pâtit aussi bien que l'honneur.
J'enrage de trouver cette place usurpée,
Et j'enrage de voir ma prudence trompée.
990   Je sais que, pour punir son amour libertin,
Je n'ai qu'à laisser faire à son mauvais destin,
Que je serai vengé d'elle par elle-même.
Mais il est bien fâcheux de perdre ce qu'on aime.
Ciel ! puisque pour un choix j'ai tant philosophé,
995   Faut-il de ses appas m'être si fort coiffé[194] !

---

190 Voir la note 173.
191 Vers 982-993 supprimés à la représentation, selon l'édition de 1682.
192 *Empaumer* : subjuguer, induire en erreur.
193 Que pour me supplanter, m'évincer.
194 Entiché.

Elle n'a ni parents, ni support[195], ni richesse,
Elle trahit mes soins, mes bontés, ma tendresse ;
Et cependant je l'aime, après ce lâche tour,
Jusqu'à ne me pouvoir passer de cet amour.
1000 Sot, n'as-tu point de honte ? Ah ! je crève, j'enrage,
Et je souffletterais mille fois mon visage.
Je veux entrer un peu, mais seulement pour voir
Quelle est sa contenance après un trait si noir.
Ciel ! faites que mon front soit exempt de disgrâce ;
1005 Ou bien, s'il est écrit qu'il faille que j'y passe,
Donnez-moi tout au moins, pour de tels accidents,
La constance[196] qu'on voit à de certaines gens.

Fin du troisième Acte.

ACTE IV   [55]

Scène PREMIÈRE

ARNOLPHE

J'ai peine, je l'avoue, à demeurer en place,
Et de mille soucis mon esprit s'embarrasse,
1010 Pour pouvoir mettre un ordre et dedans et dehors,
Qui du godelureau rompe tous les efforts.
De quel œil la traîtresse a soutenu ma vue !
De tout ce qu'elle a fait elle n'est point émue.
Et bien qu'elle me mette à deux doigts du trépas,
1015 On dirait à la voir qu'elle n'y touche pas.

---

195 *Support* : « ce qui donne de l'appui, du secours, de la protection » (FUR.).
196 *Constance* : fermeté, force d'âme.

Plus en la regardant je la voyais tranquille,
Plus je sentais en moi s'échauffer une bile ;
Et ces bouillants transports[197] dont s'enflammait
                                [mon cœur
Y semblaient redoubler mon amoureuse ardeur.
1020   J'étais aigri, fâché, désespéré contre elle ;
Et cependant jamais je ne la vis si belle,
Jamais ses yeux aux miens n'ont paru si perçants,
Jamais je n'eus pour eux des désirs si pressants,
Et je sens là-dedans qu'il faudra que je crève, [C iiij] [56]
1025   Si de mon triste sort la disgrâce[198] s'achève.
Quoi ? J'aurai dirigé son éducation
Avec tant de tendresse et de précaution,
Je l'aurai fait passer chez moi dès son enfance,
Et j'en aurai chéri la plus tendre espérance,
1030   Mon cœur aura bâti sur ses attraits naissants,
Et cru la mitonner[199] pour moi durant treize ans,
Afin qu'un jeune fou dont elle s'amourache
Me la vienne enlever jusque sur la moustache[200],
Lorsqu'elle est avec moi mariée à demi !
1035   Non parbleu ! non parbleu ! petit sot mon ami,
Vous aurez beau tourner : ou j'y perdrai mes peines,
Ou je rendrai, ma foi, vos espérances vaines,
Et de moi tout à fait vous ne vous rirez point.

---

197   Les *transports* sont les manifestations d'une passion, comme la colère ou
     l'amour.

198   *Disgrâce* : malheur, infortune.

199   *Mitonner*, c'est faire cuire à petit feu ; au sens figuré et moral, c'est préparer
     quelque chose avec soin, peu à peu et généralement en secret, en vue
     d'un certain résultat. Arnolphe a longuement préparé l'enfant Agnès à
     sa guise pour en faire sa femme.

200   *Enlever sur la moustache* c'est obtenir par la violence quelque chose qui
     était en la possession d'autrui. Registre burlesque.

Scène 2

LE NOTAIRE, ARNOLPHE

LE NOTAIRE

Ah ! le voilà ! Bonjour ; me voici tout à point
1040 Pour dresser le contrat que vous souhaitez faire.

ARNOLPHE, *sans le voir.*

Comment faire ?

LE NOTAIRE

Il le faut dans la forme ordinaire.

ARNOLPHE, *sans le voir.*

À mes précautions je veux songer de près.

LE NOTAIRE   [57]

Je ne passerai rien[201] contre vos intérêts.

ARNOLPHE, *sans le voir.*

Il se faut garantir de toutes les surprises.

LE NOTAIRE

1045 Suffit qu'entre mes mains vos affaires soient mises.
Il ne vous faudra point, de peur d'être déçu[202],
Quittancer le contrat que vous n'ayez reçu[203].

ARNOLPHE, *sans le voir.*

J'ai peur, si je vais faire éclater[204] quelque chose,

---

201 Je ne laisserai rien passer.
202 *Décevoir* : tromper.
203 Arnolphe ne devra pas signer au dos du contrat de mariage (*quittancer le contrat*) sans avoir au préalable touché la dot.
204 *Faire éclater* ou *faire éclat de*, c'est divulguer.

Que de cet incident par la ville on ne cause.

LE NOTAIRE

1050 Eh bien ! Il est aisé d'empêcher cet éclat,
Et l'on peut en secret faire votre contrat.

ARNOLPHE, sans le voir.

Mais comment faudra-t-il qu'avec elle j'en sorte ?

LE NOTAIRE

Le douaire[205] se règle au bien qu'on vous apporte.

ARNOLPHE, sans le voir.

Je l'aime, et cet amour est mon grand embarras.

LE NOTAIRE

1055 On peut avantager une femme en ce cas.

ARNOLPHE, sans le voir.

Quel traitement lui faire en pareille aventure ?

LE NOTAIRE

L'ordre est que le futur doit douer[206] la future
Du tiers du dot[207] qu'elle a ; mais cet ordre n'est rien,
Et l'on va plus avant lorsque l'on le veut bien.

ARNOLPHE, sans le voir.

1060 Si...

---

205 Le *douaire* est une partie des biens donnée par un mari à sa femme pour
    assurer sa subsistance en cas de veuvage, et dont elle pouvait disposer à
    son gré. Il était proportionnel à la dot (voir plus bas, vers 1057-1058).
206 *Douer* : doter, assigner un douaire.
207 Le mot *dot* peut encore être masculin au début du XVIIe siècle.

LE NOTAIRE, *Arnolphe l'apercevant.*
      Pour le préciput[208], il les regarde ensemble.
Je dis que le futur peut comme bon lui semble
Douer la future.

                    ARNOLPHE, *l'ayant aperçu.*   [C v][58]
                         Euh ?

                    LE NOTAIRE
                         Il peut l'avantager
Lorsqu'il l'aime beaucoup et qu'il veut l'obliger,
Et cela par douaire, ou préfix qu'on appelle[209],
1065   Qui demeure perdu par le trépas d'icelle,
       Ou sans retour, qui va de ladite à ses hoirs,
       Ou coutumier, selon les différents vouloirs,
       Ou par donation dans le contrat formelle,
       Qu'on fait ou pure et simple, ou qu'on fait mutuelle.
1070   Pourquoi hausser le dos ? Est-ce qu'on parle en fat[210],
       Et que l'on ne sait pas les formes d'un contrat ?
       Qui me les apprendra ? Personne, je présume.
       Sais-je pas qu'étant joints on est, par la coutume,
       Communs en meubles, biens, immeubles et
                                          [conquêts[211],
1075   À moins que par un acte on y renonce exprès ?

---

208 En matière matrimoniale, le *préciput* est un avantage stipulé en faveur
    du survivant.
209 Le *douaire préfix*, c'est-à-dire fixé par contrat, est perdu pour les héritiers et
    revient au mari au décès de l'épouse. Le *douaire sans retour* ne revient pas
    au mari, mais aux héritiers (aux *hoirs*) de la femme. Le *douaire coutumier*
    attribue à la femme la moitié des biens du mari. La *donation* entre vifs
    est *simple* si le mari donne ses biens à sa femme, et *mutuelle* si le mari et
    la femme donnent leurs biens au dernier survivant.
210 *Fat* : sot, imbécile.
211 Les *conquêts* sont les biens acquis conjointement par les deux époux
    pendant le mariage.

Sais-je pas que le tiers du bien de la future
Entre en communauté pour...

ARNOLPHE

Oui, c'est chose sûre,
Vous savez tout cela ; mais qui vous en dit mot ?

LE NOTAIRE

Vous, qui me prétendez faire passer pour sot,
1080   En me haussant l'épaule et faisant la grimace.

ARNOLPHE

La peste soit fait l'homme[212], et sa chienne de face !
Adieu. C'est le moyen de vous faire finir.

LE NOTAIRE

Pour dresser un contrat m'a-t-on pas fait venir ?

ARNOLPHE

Oui, je vous ai mandé[213] ; mais la chose est remise,
1085   Et l'on vous mandera quand l'heure sera prise. [59]
Voyez quel diable d'homme avec son entretien !

LE NOTAIRE

Je pense qu'il en tient[214], et je crois penser bien.

---

212 Imprécation équivalent à « La peste soit de l'homme ! ».
213 *Mander* : faire venir.
214 Je pense qu'il est ivre.

Scène 3

LE NOTAIRE, ALAIN, GEORGETTE,
ARNOLPHE

LE NOTAIRE

M'êtes-vous pas venu quérir pour votre maître ?

ALAIN

Oui.

LE NOTAIRE

    J'ignore pour qui vous le pouvez connaître,
1090 Mais allez de ma part lui dire de ce pas
Que c'est un fou fieffé.

GEORGETTE

              Nous n'y manquerons pas.

Scène 4   [C vj] [60]

ALAIN, GEORGETTE, ARNOLPHE

ALAIN

Monsieur...

ARNOLPHE

    Approchez-vous ; vous êtes mes fidèles,
Mes bons, mes vrais amis, et j'en sais des nouvelles.

ALAIN

Le notaire...

ARNOLPHE

    Laissons, c'est pour quelque autre jour.

1095   On veut à mon honneur jouer d'un mauvais tour[215].
        Et quel affront pour vous, mes enfants, pourrait-ce
                                                        [être,
        Si l'on avait ôté l'honneur à votre maître !
        Vous n'oseriez après paraître en nul endroit,
        Et chacun, vous voyant, vous montrerait au doigt.
1100   Donc, puisque autant que moi l'affaire vous regarde,
        Il faut de votre part faire une telle garde,
        Que ce galant ne puisse en aucune façon...

                        GEORGETTE
        Vous nous avez tantôt montré notre leçon.

                        ARNOLPHE
        Mais à ses beaux discours gardez bien de vous rendre.

                        ALAIN
1105   Oh ! vraiment...

                        GEORGETTE   [61]
                Nous savons comme il faut s'en
                                            [défendre.

                        ARNOLPHE
        S'il venait doucement : « Alain, mon pauvre cœur,
        Par un peu de secours soulage ma langueur ».

                        ALAIN
        Vous êtes un sot.

                        ARNOLPHE, à Georgette.
                        Bon. « Georgette ma mignonne,

_____

215 *Jouer d'un tour* (on dirait aujourd'hui : « jouer un tour ») : tromper.

Tu me parais si douce, et si bonne personne ».

GEORGETTE

1110   Vous êtes un nigaud.

ARNOLPHE, *à Alain.*

Bon. « Quel mal trouves-tu
Dans un dessein honnête, et tout plein de vertu ? »

ALAIN

Vous êtes un fripon.

ARNOLPHE, *à Georgette.*

Fort bien. « Ma mort est sûre
Si tu ne prends pitié des peines que j'endure ».

GEORGETTE

Vous êtes un benêt, un impudent.

ARNOLPHE

Fort bien.
1115   « Je ne suis pas un homme à vouloir rien pour rien,
Je sais quand on me sert en garder la mémoire.
Cependant par avance, Alain, voilà pour boire,
Et voilà pour t'avoir, Georgette, un cotillon[216].
Ils tendent tous deux la main et prennent l'argent.
Ce n'est de mes bienfaits qu'un simple échantillon.
1120   Toute la courtoisie enfin dont je vous presse,
C'est que je puisse voir votre belle maîtresse ».

---

216 Et voilà de quoi te procurer un *cotillon* (petite jupe de dessous portée
    par les paysannes ou les femmes de condition modeste).

GEORGETTE, *le poussant.*
À d'autres.

ARNOLPHE   [62]
Bon cela.

ALAIN, *le poussant.*
Hors d'ici.

ARNOLPHE
Bon.

GEORGETTE, *le poussant.*
Mais tôt.

ARNOLPHE
Bon. Holà ! c'est assez.

GEORGETTE
Fais-je pas comme il faut ?

ALAIN
Est-ce de la façon que vous voulez l'entendre ?

ARNOLPHE
1125 Oui, fort bien, hors l'argent qu'il ne fallait pas
[prendre.

GEORGETTE
Nous ne nous sommes pas souvenus de ce point.

ALAIN
Voulez-vous qu'à l'instant nous recommencions ?

ARNOLPHE

Point.

Suffit, rentrez tous deux.

ALAIN

Vous n'avez rien qu'à
[dire[217].

ARNOLPHE

Non, vous dis-je ; rentrez, puisque je le désire.
1130   Je vous laisse l'argent. Allez, je vous rejoins ;
Ayez bien l'œil à tout, et secondez mes soins.

Scène 5   [63]

ARNOLPHE

Je veux, pour espion qui soit d'exacte vue[218],
Prendre le savetier du coin de notre rue.
Dans la maison toujours je prétends la tenir,
1135   Y faire bonne garde, et surtout en bannir
Vendeuses de ruban, perruquières, coiffeuses,
Faiseuses de mouchoirs, gantières, revendeuses[219],
Tous ces gens qui sous main travaillent chaque jour
À faire réussir les mystères d'amour.
1140   Enfin j'ai vu le monde, et j'en sais les finesses ;
Il faudra que mon homme ait de grandes adresses
Si message ou poulet[220] de sa part peut entrer.

---

217 Il vous suffit de le dire, de parler, pour que nous recommencions.
218 Vers 1132-1139 supprimés à la représentation, selon l'édition de 1682.
219 Probablement de ces *revendeuses à la toilette*, dont le métier était d'acheter
de vieux vêtements, des bijoux pour les revendre à domicile.
220 *Poulet* : billet amoureux.

Scène 6

HORACE, ARNOLPHE

HORACE

La place m'est heureuse à vous y rencontrer.
Je viens de l'échapper bien belle, je vous jure.
1145 Au sortir d'avec vous, sans prévoir l'aventure[221],
Seule dans son balcon j'ai vu paraître Agnès,
Qui des arbres prochains prenait un peu le frais.
Après m'avoir fait signe, elle a su faire en sorte, [64]
Descendant au jardin, de m'en ouvrir la porte.
1150 Mais à peine tous deux dans la chambre étions-nous,
Qu'elle a sur les degrés[222] entendu son jaloux ;
Et tout ce qu'elle a pu, dans un tel accessoire[223],
C'est de me renfermer dans une grande armoire.
Il est entré d'abord[224] ; je ne le voyais pas,
1155 Mais je l'oyais[225] marcher, sans rien dire, à grands
                                                        [pas,
Poussant de temps en temps des soupirs pitoyables,
Et donnant quelquefois de grands coups sur les
                                                        [tables,
Frappant un petit chien qui pour lui s'émouvait[226],
Et jetant brusquement les hardes[227] qu'il trouvait ;
1160 Il a même cassé, d'une main mutinée[228],
Des vases dont la belle ornait sa cheminée.

---

221 Voir au v. 864.
222 *Degré* : marche d'escalier.
223 *Accessoire* : situation difficile, danger (sens vieilli au XVIIe siècle).
224 Aussitôt.
225 Imparfait du verbe *ouïr* (entendre).
226 Qui s'agitait à cause et autour de lui.
227 *Hardes* : vêtements, parures.
228 Irritée, emportée.

Et sans doute[229] il faut bien qu'à ce becque cornu[230]
Du trait qu'elle a joué quelque jour[231] soit venu.
Enfin, après cent tours, ayant de la manière
1165 Sur ce qui n'en peut mais déchargé sa colère,
Mon jaloux inquiet, sans dire son ennui[232],
Est sorti de la chambre, et moi de mon étui.
Nous n'avons point voulu, de peur du personnage,
Risquer à nous tenir ensemble davantage :
1170 C'était trop hasarder ; mais je dois, cette nuit,
Dans sa chambre un peu tard m'introduire sans
                                                    [bruit ;
En toussant par trois fois je me ferai connaître,
Et je dois au signal voir ouvrir la fenêtre,
Dont avec une échelle, et secondé d'Agnès,
1175 Mon amour tâchera de me gagner l'accès.
Comme à mon seul ami je veux bien vous
                                                    [l'apprendre :
L'allégresse du cœur s'augmente à la répandre,
Et goûtât-on cent fois un bonheur tout[233] parfait, [65]
On n'en est pas content si quelqu'un ne le sait.
1180 Vous prendrez part, je pense, à l'heur de mes
                                                    [affaires.
Adieu, je vais songer aux choses nécessaires.

---

229 Comme toujours, avec un sens fort (« assurément »).
230 C'est la transcription de l'italien *becco cornuto*, « bouc cornu », qui désignait
   les cocus.
231 *Jour* : nouvelle, information.
232 *Inquiet* : agité, tourmenté. *Ennui* : voir au v. 375.
233 L'original porte *trop*, qui est sûrement une erreur.

Scène 7

ARNOLPHE

Quoi ? L'astre[234] qui s'obstine à me désespérer
Ne me donnera pas le temps de respirer ?
Coup sur coup je verrai, par leur intelligence[235],
1185   De mes soins vigilants confondre la prudence,
Et je serai la dupe, en ma maturité[236],
D'une jeune innocente et d'un jeune éventé[237] ?
En sage philosophe on m'a vu, vingt années,
Contempler des maris les tristes destinées,
1190   Et m'instruire avec soin de tous les accidents
Qui font dans le malheur tomber les plus prudents ;
Des disgrâces d'autrui profitant dans mon âme,
J'ai cherché les moyens, voulant prendre une femme,
De pouvoir garantir mon front de tous affronts,
1195   Et le tirer de pair[238] d'avec les autres fronts ;
Pour ce noble dessein, j'ai cru mettre en pratique
Tout ce que peut trouver l'humaine politique ;
Et comme si du sort il était arrêté
Que nul homme ici-bas n'en serait exempté,
1200   Après l'expérience, et toutes les lumières
Que j'ai pu m'acquérir sur de telles matières,
Après vingt ans et plus de méditation   [66]
Pour me conduire en tout avec précaution,
De tant d'autres maris j'aurais quitté la trace
1205   Pour me trouver après dans la même disgrâce ?
Ah ! bourreau de destin, vous en aurez menti.

---

234 Arnolphe croit son destin sous l'influence des astres.
235 Leur accord, leur complot.
236 Vers 1186-1205 supprimés à la représentation, selon l'édition de 1682.
237 *Éventé* : écervelé, inconsidéré.
238 Et lui éviter un sort équivalent à celui du front des cocus.

De l'objet[239] qu'on poursuit, je suis encor nanti ;
Si son cœur m'est volé par ce blondin funeste,
J'empêcherai du moins qu'on s'empare du reste,
1210   Et cette nuit, qu'on prend pour ce galant exploit,
Ne se passera pas si doucement qu'on croit.
Ce m'est quelque plaisir, parmi tant de tristesse,
Que l'on me donne avis du piège qu'on me dresse,
Et que cet étourdi qui veut m'être fatal,
1215   Fasse son confident de son propre rival.

Scène 8
CHRYSALDE, ARNOLPHE

CHRYSALDE

Eh bien ! souperons-nous avant la promenade ?

ARNOLPHE

Non, je jeûne ce soir.

CHRYSALDE

                    D'où vient cette boutade[240] ?

ARNOLPHE

De grâce, excusez-moi : j'ai quelque autre embarras.

CHRYSALDE

Votre hymen résolu ne se fera-t-il pas ?

---

239 Rappelons que *l'objet* est toujours la femme aimée, Agnès ; mais Arnolphe
   est *nanti* d'Agnès comme d'un véritable objet, comme d'une chose.
240 *Boutade* : « Caprice, transport d'esprit qui se fait sans raison et avec
   impétuosité » (FUR.).

ARNOLPHE   [67]

1220 C'est trop s'inquiéter des affaires des autres.

CHRYSALDE

Oh! oh! si brusquement! Quels chagrins²⁴¹ sont
                                        [les vôtres?
Serait-il point, compère, à votre passion
Arrivé quelque peu de tribulation?
Je le jurerais presque à voir votre visage.

ARNOLPHE

1225 Quoi qu'il m'arrive, au moins aurai-je l'avantage
De ne pas ressembler à de certaines gens,
Qui souffrent doucement l'approche des galants.

CHRYSALDE

C'est un étrange²⁴² fait, qu'avec tant de lumières,
Vous vous effarouchiez²⁴³ toujours sur ces matières,
1230 Qu'en cela²⁴⁴ vous mettiez le souverain bonheur,
Et ne conceviez point au monde d'autre honneur.
Être avare, brutal, fourbe, méchant et lâche,
N'est rien, à votre avis, auprès de cette tache,
Et de quelque façon qu'on puisse avoir vécu,
1235 On est homme d'honneur quand on n'est point cocu.
À le bien prendre au fond, pourquoi voulez-vous
                                        [croire
Que de ce cas fortuit dépende notre gloire,
Et qu'une âme bien née ait à se reprocher
L'injustice d'un mal qu'on ne peut empêcher?

---

241 Voir au v. 413.
242 *Étrange* a un sens fort : extraordinaire, anormal.
243 *S'effaroucher* : s'irriter.
244 Dans le fait de n'être point cocu.

1240   Pourquoi voulez-vous, dis-je, en prenant une femme,
Qu'on soit digne, à son choix, de louange ou de
                               [blâme,
Et qu'on s'aille former un monstre plein d'effroi[245]
De l'affront que nous fait son manquement de foi ?
Mettez-vous dans l'esprit qu'on peut du cocuage
1245   Se faire en galant homme une plus douce image,
Que des coups du hasard aucun n'étant garant, [68]
Cet accident de soi doit être indifférent ;
Et qu'enfin tout le mal, quoi que le monde glose,
N'est que dans la façon de recevoir la chose.
1250   Et pour se bien conduire en ces difficultés,
Il y faut comme en tout fuir les extrémités,
N'imiter pas ces gens un peu trop débonnaires[246],
Qui tirent vanité de ces sortes d'affaires,
De leurs femmes toujours vont citant les galants,
1255   En font partout l'éloge, et prônent leurs talents,
Témoignent avec eux d'étroites sympathies,
Sont de tous leurs cadeaux[247], de toutes leurs parties,
Et font qu'avec raison les gens sont étonnés
De voir leur hardiesse à montrer là leur nez.
1260   Ce procédé sans doute est tout à fait blâmable ;
Mais l'autre extrémité n'est pas moins condamnable.
Si je n'approuve pas ces amis des galants,
Je ne suis pas aussi pour ces gens turbulents[248]
Dont l'imprudent chagrin[249], qui tempête et qui
                               [gronde,
1265   Attire au bruit qu'il fait les yeux de tout le monde,

---

245 Qu'on aille se former un objet d'horreur.
246 Trop tolérants et trop faibles.
247 Voir au v. 800.
248 Qui se complaisent dans le trouble et l'agitation.
249 Voir au v. 413.

Et qui par cet éclat semblent ne pas vouloir
Qu'aucun puisse ignorer ce qu'ils peuvent avoir.
Entre ces deux partis il en est un honnête,
Où dans l'occasion l'homme prudent s'arrête ;
1270   Et quand on le sait prendre, on n'a point à rougir
Du pis dont une femme avec nous puisse agir[250].
Quoi qu'on en puisse dire, enfin le cocuage
Sous des traits moins affreux aisément s'envisage ;
Et comme je vous dis, toute l'habileté
1275   Ne va qu'à le savoir tourner du bon côté.

ARNOLPHE

Après ce beau discours, toute la confrérie[251]
Doit un remerciement à votre seigneurie ;   [69]
Et quiconque voudra vous entendre parler,
Montrera de la joie à s'y voir enrôler.

CHRYSALDE

1280   Je ne dis pas cela, car c'est ce que je blâme.
Mais, comme c'est le sort qui nous donne une
                                    [femme,
Je dis que l'on doit faire ainsi qu'au jeu de dés,
Où, s'il ne vous vient pas ce que vous demandez,
Il faut jouer d'adresse, et d'une âme réduite[252]
1285   Corriger le hasard par la bonne conduite.

ARNOLPHE

C'est-à-dire dormir et manger toujours bien,
Et se persuader que tout cela n'est rien.

---

250 Ce *pis* est l'adultère de la femme et le cocuage du mari.
251 La confrérie des maris trompés.
252 Soumise.

CHRYSALDE

Vous pensez vous moquer ; mais à ne vous rien
                                    [feindre,
Dans le monde je vois cent choses plus à craindre,
1290   Et dont je me ferais un bien plus grand malheur
Que de cet accident qui vous fait tant de peur.
Pensez-vous qu'à choisir de deux choses prescrites[253],
Je n'aimasse pas mieux être ce que vous dites[254],
Que de me voir mari de ces femmes de bien
1295   Dont la mauvaise humeur fait un procès sur rien,
Ces dragons de vertu, ces honnêtes diablesses,
Se retranchant toujours sur leurs sages prouesses,
Qui, pour un petit tort qu'elles ne nous font pas,
Prennent droit de traiter les gens de haut en bas
1300   Et veulent, sur le pied de nous être fidèles[255],
Que nous soyons tenus à tout endurer d'elles ?
Encore un coup, compère, apprenez qu'en effet
Le cocuage n'est que ce que l'on le fait,
Qu'on peut le souhaiter pour de certaines causes,
1305   Et qu'il a ses plaisirs comme les autres choses[256].

ARNOLPHE   [70]

Si vous êtes d'humeur à vous en contenter,
Quant à moi, ce n'est pas la mienne d'en tâter ;
Et plutôt que subir une telle aventure…

CHRYSALDE

Mon Dieu, ne jurez point de peur d'être parjure.
1310   Si le sort l'a réglé, vos soins sont superflus,

253 Déterminées, arrêtées d'avance.
254 C'est-à-dire trompé.
255 Conformément à des femmes fidèles, en raison de leur fidélité.
256 Le paradoxe de Chrysalde est là pour provoquer Arnolphe !

Et l'on ne prendra pas votre avis là-dessus.

ARNOLPHE

Moi ! je serais cocu ?

CHRYSALDE

Vous voilà bien malade.
Mille gens le sont bien, sans vous faire bravade[257],
Qui de mine, de cœur, de biens et de maison
Ne feraient avec vous nulle comparaison.

ARNOLPHE

Et moi, je n'en voudrais avec eux faire aucune.
Mais cette raillerie, en un mot, m'importune ;
Brisons là, s'il vous plaît.

CHRYSALDE

Vous êtes en courroux,
Nous en saurons la cause. Adieu. Souvenez-vous,
Quoi que sur ce sujet votre honneur vous inspire,
Que c'est être à demi ce que l'on vient de dire,
Que de vouloir jurer qu'on ne le sera pas.

ARNOLPHE

Moi, je le jure encore[258], et je vais de ce pas,
Contre cet accident trouver un bon remède.

---

257 Sans vouloir vous offenser.
258 Je jure encore que jamais je ne serai cocu.

Scène 9   [71]

ALAIN, GEORGETTE, ARNOLPHE

ARNOLPHE

1325   Mes amis, c'est ici que j'implore votre aide.
Je suis édifié de votre affection[259] ;
Mais il faut qu'elle éclate en cette occasion.
Et si vous m'y servez selon ma confiance,
Vous êtes assurés de votre récompense.
1330   L'homme que vous savez (n'en faites point de bruit)
Veut, comme je l'ai su, m'attraper cette nuit,
Dans la chambre d'Agnès entrer par escalade ;
Mais il lui faut nous trois dresser une embuscade.
Je veux que vous preniez chacun un bon bâton,
1335   Et quand il sera près du dernier échelon
(Car dans le temps qu'il faut j'ouvrirai la fenêtre),
Que tous deux à l'envi vous me chargiez[260] ce traître,
Mais d'un air[261] dont son dos garde le souvenir,
Et qui lui puisse apprendre à n'y plus revenir,
1340   Sans me nommer pourtant en aucune manière,
Ni faire aucun semblant que je serai derrière.
Aurez-vous[262] bien l'esprit de servir mon courroux ?

ALAIN

S'il ne tient qu'à frapper, Monsieur[263], tout est à
                            [nous.
Vous verrez, quand je bats, si j'y vais de main morte.

---

259 Deux diérèses sur *édifié* et sur *affection* (entraînant la diérèse à la rime sur *occasion*), puis une sur *confiance* au vers suivant.
260 Frappiez, battiez.
261 Mais d'une manière.
262 Autre tirage de 1663 : Auriez-vous.
263 Autre tirage de 1663 : mon Dieu !

GEORGETTE   [72]

1345   La mienne, quoique aux yeux elle n'est pas si forte,
        N'en quitte pas sa part à le bien étriller.

ARNOLPHE

Rentrez donc, et surtout gardez de babiller.
Voilà pour le prochain une leçon utile ;
Et si tous les maris qui sont en cette ville
1350   De leurs femmes ainsi recevaient le galant,
        Le nombre des cocus ne serait pas si grand.

Fin du quatrième Acte.

ACTE V   [73]

Scène PREMIÈRE
ALAIN, GEORGETTE, ARNOLPHE

ARNOLPHE

Traîtres, qu'avez-vous fait par cette violence ?

ALAIN

Nous vous avons rendu, Monsieur, obéissance.

ARNOLPHE

De cette excuse en vain vous voulez vous armer.
1355   L'ordre était de le battre, et non de l'assommer[264] ;
        Et c'était sur le dos, et non pas sur la tête,

---

264 Au sens propre, *assommer*, c'est tuer ou laisser comme morts une personne
     ou un animal, à l'aide d'un objet pesant ou par un coup violent.

Que j'avais commandé qu'on fît choir la tempête.
Ciel ! dans quel accident me jette ici le sort !
Et que puis-je résoudre à voir cet homme mort ?
1360 Rentrez dans la maison ; et gardez de rien dire [D] [74]
De cet ordre innocent que j'ai pu vous prescrire.
Le jour s'en va paraître, et je vais consulter[265]
Comment dans ce malheur je me dois comporter.
Hélas ! que deviendrai-je ? et que dira le père,
1365 Lorsque inopinément il saura cette affaire ?

Scène 2

HORACE, ARNOLPHE

HORACE

Il faut que j'aille un peu reconnaître qui c'est[266].

ARNOLPHE

Eût-on jamais prévu... Qui va là, s'il vous plaît ?

HORACE

C'est vous, Seigneur Arnolphe ?

ARNOLPHE

                              Oui ; mais vous...

HORACE

Je m'en allais chez vous, vous prier d'une grâce.
1370 Vous sortez bien matin.

---

265 *Consulter*, ce peut être délibérer avec soi-même ou avec d'autres.
266 Il faut rappeler que ce début du cinquième acte se déroule de nuit.

ARNOLPHE, *bas.*

Quelle confusion !
Est-ce un enchantement ? est-ce une illusion ?

HORACE   [75]

J'étais, à dire vrai, dans une grande peine ;
Et je bénis du Ciel la bonté souveraine,
Qui fait qu'à point nommé je vous rencontre ainsi.
1375   Je viens vous avertir que tout a réussi,
Et même beaucoup plus que je n'eusse osé dire,
Et par un incident qui devait[267] tout détruire.
Je ne sais point par où l'on[268] a pu soupçonner
Cette assignation qu'on[269] m'avait su donner ;
1380   Mais, étant sur le point d'atteindre à la fenêtre,
J'ai, contre mon espoir, vu quelques gens paraître,
Qui, sur moi brusquement levant chacun le bras,
M'ont fait manquer le pied et tomber jusqu'en bas ;
Et ma chute, aux dépens de quelque meurtrissure,
1385   De vingt coups de bâton m'a sauvé l'aventure.
Ces gens-là, dont était, je pense, mon jaloux,
Ont imputé ma chute à l'effort[270] de leurs coups ;
Et comme la douleur un assez long espace
M'a fait sans remuer demeurer sur la place,
1390   Ils ont cru tout de bon qu'ils m'avaient assommé,
Et chacun d'eux s'en est aussitôt alarmé.
J'entendais tout leur bruit dans le profond silence ;
L'un l'autre ils s'accusaient de cette violence,
Et sans lumière aucune, en querellant le sort[271],

---

267 Aurait dû (indicatif passé à la place du conditionnel passé pour exprimer
      l'éventualité dans le passé, avec *devoir, pouvoir, falloir*).
268 Le jaloux.
269 Agnès.
270 La violence.
271 En se plaignant du sort, en l'accusant.

1395   Sont venus doucement tâter si j'étais mort.
      Je vous laisse à penser si, dans la nuit obscure,
      J'ai d'un vrai trépassé su tenir la figure.
      Ils se sont retirés avec beaucoup d'effroi ;
      Et comme je songeais à me retirer, moi,
1400   De cette feinte mort la jeune Agnès émue
      Avec empressement est devers moi venue ;
      Car les discours qu'entre eux ces gens avaient tenus,
      Jusques à son oreille étaient d'abord[272] venus,
      Et pendant tout ce trouble étant moins observée,
1405   Du logis aisément elle s'était sauvée.
      Mais, me trouvant sans mal, elle a fait éclater   [D] [76]
      Un transport[273] difficile à bien représenter.
      Que vous dirai-je ? Enfin cette aimable[274] personne
      A suivi les conseils que son amour lui donne,
1410   N'a plus voulu songer à retourner chez soi,
      Et de tout son destin s'est commise à ma foi[275].
      Considérez un peu, par ce trait d'innocence,
      Où l'expose d'un fou la haute impertinence[276],
      Et quels fâcheux périls elle pourrait courir,
1415   Si j'étais maintenant homme à la moins chérir.
      Mais d'un trop pur amour mon âme est embrasée ;
      J'aimerais mieux mourir que l'avoir abusée.
      Je lui vois des appas dignes d'un autre sort,
      Et rien ne m'en saurait séparer que la mort.
1420   Je prévois là-dessus l'emportement d'un père ;
      Mais nous prendrons le temps d'apaiser sa colère.

---

272 Immédiatement.
273 Il s'agit évidemment ici des manifestations de l'amour rassuré.
274 Voir au v. 337.
275 M'a confié son destin.
276 *Impertinence* : sottise, maladresse.

À des charmes[277] si doux je me laisse emporter,
Et dans la vie, enfin, il se faut contenter.
Ce que je veux de vous, sous un secret fidèle,
1425 C'est que je puisse mettre en vos mains cette belle,
Que dans votre maison, en faveur de mes feux,
Vous lui donniez retraite au moins un jour ou deux.
Outre qu'aux yeux du monde il faut cacher sa fuite,
Et qu'on en pourra faire une exacte poursuite[278],
1430 Vous savez qu'une fille aussi de sa façon
Donne avec un jeune homme un étrange soupçon[279].
Et comme c'est à vous, sûr de votre prudence,
Que j'ai fait de mes feux entière confidence,
C'est à vous seul aussi, comme ami généreux,
1435 Que je puis confier ce dépôt amoureux.

ARNOLPHE

Je suis, n'en doutez point, tout à votre service.

HORACE

Vous voulez bien me rendre un si charmant office ?

ARNOLPHE   [77]

Très volontiers, vous dis-je, et je me sens ravir
De cette occasion que j'ai de vous servir.
1440 Je rends grâces au Ciel de ce qu'il me l'envoie,
Et n'ai jamais rien fait avec si grande joie.

HORACE

Que je suis redevable à toutes vos bontés !

---

277 *Charmes* a le sens fort de puissance magique.
278 On pourra faire une enquête diligente (*exacte poursuite*) sur la disparition
      de la jeune fille.
279 Une jeune fille comme Agnès fuyant avec un jeune homme fait soup-
      çonner celui-ci d'avoir abusé d'elle – grave soupçon.

J'avais de votre part craint des difficultés.
Mais vous êtes du monde, et dans votre sagesse
1445 Vous savez excuser le feu de la jeunesse.
Un de mes gens la garde au coin de ce détour.

ARNOLPHE

Mais comment ferons-nous ? car il fait un peu jour.
Si je la prends ici, l'on me verra peut-être,
Et s'il faut que chez moi vous veniez à paraître,
1450 Des valets causeront. Pour jouer au plus sûr,
Il faut me l'amener dans un lieu plus obscur ;
Mon allée[280] est commode, et je l'y vais attendre.

HORACE

Ce sont précautions qu'il est fort bon de prendre.
Pour moi je ne ferai que vous la mettre en main,
1455 Et chez moi sans éclat je retourne soudain.

ARNOLPHE, *seul*.

Ah ! fortune ! ce trait d'aventure propice
Répare tous les maux que m'a faits ton caprice.

Scène 3   [D ij] [78]
AGNÈS, HORACE, ARNOLPHE

HORACE

Ne soyez point en peine où je vais vous mener,
C'est un logement sûr que je vous fais donner.
1460 Vous loger avec moi ce serait tout détruire.
Entrez dans cette porte, et laissez-vous conduire.

---

280 Le corridor d'entrée de la maison ? Plutôt la ruelle qui mène à l'entrée.

Arnolphe lui prend la main sans qu'elle le connaisse[281].

AGNÈS

Pourquoi me quittez-vous ?

HORACE

Chère Agnès, il le faut.

AGNÈS

Songez donc, je vous prie, à revenir bientôt.

HORACE

J'en suis assez pressé par ma flamme amoureuse.

AGNÈS

1465   Quand je ne vous vois point, je ne suis point joyeuse.

HORACE

Hors de votre présence, on me voit triste aussi.

AGNÈS

Hélas ! s'il était vrai, vous resteriez ici.

HORACE

Quoi ! vous pourriez douter de mon amour extrême ?

AGNÈS

Non, vous ne m'aimez pas autant que je vous aime.
1470   Ah ! l'on me tire trop.
                    Arnolphe la tire.

---

281 Sans qu'elle le reconnaisse – d'autant que le jour se lève à peine et
      qu'Arnolphe s'est enveloppé le nez dans son manteau.

HORACE   [79]
C'est qu'il est dangereux,
Chère Agnès, qu'en ce lieu nous soyons vus tous
[deux.
Et le parfait ami, de qui la main vous presse[282],
Suit le zèle prudent qui pour nous l'intéresse[283].

AGNÈS
Mais suivre un inconnu que...

HORACE
N'appréhendez rien,
1475   Entre de telles mains vous ne serez que bien.

AGNÈS
Je me trouverais mieux entre celles d'Horace.
Et j'aurais...
À *celui qui la tient*[284].
Attendez.

HORACE
Adieu, le jour me chasse.

AGNÈS
Quand vous verrai-je donc ?

HORACE
Bientôt, assurément.

---

282 Vous serre.
283 Cet ami prend à cœur nos intérêts et les sert avec zèle.
284 Autre tirage de 1663 : À *Arnolphe qui la tire encore.*

AGNÈS

Que je vais m'ennuyer[285] jusques à ce moment !

HORACE

1480   Grâce au Ciel, mon bonheur n'est plus en
[concurrence[286],
Et je puis maintenant dormir en assurance.

Scène 4   [D iij] [80]
ARNOLPHE, AGNÈS

ARNOLPHE, *le nez dans son manteau.*

Venez, ce n'est pas là que je vous logerai,
Et votre gîte ailleurs est par moi préparé.
Je prétends en lieu sûr mettre votre personne.
1485   Me connaissez-vous[287] ?

AGNÈS, *le reconnaissant.*

Hay !

ARNOLPHE

Mon visage, friponne,

Dans cette occasion rend vos sens effrayés,
Et c'est à contrecœur qu'ici vous me voyez ;
Je trouble en ses projets l'amour qui vous possède.
N'appelez point des yeux le galant à votre aide,
1490   Il est trop éloigné pour vous donner secours.
Ah ! ah ! si jeune encor, vous jouez de ces tours !
Agnès regarde si elle ne verra point Horace.

---

285 Que je vais être dans la douleur, dans le tourment.
286 La fuite d'Agnès a éliminé le rival d'Horace, le tuteur jaloux.
287 Me reconnaissez-vous ?

Votre simplicité, qui semble sans pareille,
Demande si l'on fait les enfants par l'oreille[288],
Et vous savez donner des rendez-vous la nuit,
1495 Et pour suivre un galant vous évader sans bruit.
Tudieu ! comme avec lui votre langue cajole[289] !
Il faut qu'on vous ait mise à quelque bonne école.
Qui diantre tout d'un coup vous en a tant appris ?
Vous ne craignez donc plus de trouver des esprits ?
1500 Et ce galant, la nuit, vous a donc enhardie ?
Ah ! coquine, en venir à cette perfidie !
Malgré tous mes bienfaits former un tel dessein ! [81]
Petit serpent que j'ai réchauffé dans mon sein,
Et qui, dès qu'il se sent[290], par une humeur ingrate,
1505 Cherche à faire du mal à celui qui le flatte[291].

AGNÈS

Pourquoi me criez-vous[292] ?

ARNOLPHE

                    J'ai grand tort en effet.

AGNÈS

Je n'entends point de mal dans tout ce que j'ai fait.

ARNOLPHE

Suivre un galant n'est pas une action infâme ?

---

288 Voir *supra*, I, 1, le vers 164.
289 Comme vous babillez amoureusement avec lui.
290 Dès qu'il a conscience de soi, de ses forces.
291 *Flatter* : caresser, traiter avec douceur et ménagement.
292 *Crier quelqu'un* : le réprimander.

AGNÈS

C'est un homme qui dit qu'il me veut pour sa
                                        [femme.
1510 J'ai suivi vos leçons, et vous avez prêché
Qu'il se faut marier pour ôter le péché[293].

ARNOLPHE

Oui, mais pour femme moi je prétendais vous
                                        [prendre,
Et je vous l'avais fait, me semble, assez entendre.

AGNÈS

Oui, mais à vous parler franchement entre nous,
1515 Il est plus pour cela selon mon goût que vous ;
Chez vous le mariage est fâcheux et pénible,
Et vos discours en font une image terrible.
Mais las[294] ! il le fait, lui, si rempli de plaisirs,
Que de se marier il donne des désirs.

ARNOLPHE

1520 Ah ! c'est que vous l'aimez, traîtresse !

AGNÈS

                                Oui, je l'aime.

ARNOLPHE

Et vous avez le front de le dire à moi-même ?

AGNÈS   [D iiij] [82]

Et pourquoi, s'il est vrai, ne le dirais-je pas ?

---

293 Voir *supra*, II, 5, v. 611.
294 Cet *hélas !* est d'attendrissement, non de souffrance ! *Cf.* au vers 1523.

ARNOLPHE

Le deviez-vous aimer, impertinente ?

AGNÈS

Hélas !
Est-ce que j'en puis mais[295] ? Lui seul en est la cause,
1525   Et je n'y songeais pas lorsque se fit la chose.

ARNOLPHE

Mais il fallait chasser cet amoureux désir.

AGNÈS

Le moyen de chasser ce qui fait du plaisir ?

ARNOLPHE

Et ne saviez-vous[296] pas que c'était me déplaire ?

AGNÈS

Moi ? point du tout ; quel mal cela peut-il vous faire ?

ARNOLPHE

1530   Il est vrai, j'ai sujet d'en être réjoui.
Vous ne m'aimez donc pas, à ce compte ?

AGNÈS

Vous ?

ARNOLPHE

Oui.

AGNÈS

Hélas ! non.

---

295 *N'en pouvoir mais* : ne rien pouvoir à quelque chose.
296 Autre tirage de 1663 : *Et ne savez-vous pas.*

ARNOLPHE

Comment, non ?

AGNÈS

Voulez-vous que je mente ?

ARNOLPHE

Pourquoi ne m'aimer pas, Madame l'impudente ?

AGNÈS

1535   Mon Dieu, ce n'est pas moi que vous devez blâmer.
Que ne vous êtes-vous comme lui fait aimer ?
Je ne vous en ai pas empêché, que je pense.   [83]

ARNOLPHE

Je m'y suis efforcé de toute ma puissance ;
Mais les soins que j'ai pris, je les ai perdus tous.

AGNÈS

Vraiment, il en sait donc là-dessus plus que vous ;
1540   Car à se faire aimer il n'a point eu de peine.

ARNOLPHE

Voyez comme raisonne et répond la vilaine[297] !
Peste ! une précieuse en dirait-elle plus ?
Ah ! je l'ai mal connue, ou, ma foi, là-dessus
Une sotte en sait plus que le plus habile homme.
1545   Puisqu'en raisonnement votre esprit se consomme[298],
La belle raisonneuse, est-ce qu'un si long temps

---

297 Cette qualification est vague et vise simplement à blâmer la conduite
d'Agnès.
298 Puisque votre esprit atteint la perfection (*se consomme*) pour *raisonner*,
pour discuter dirions-nous.

Je vous aurai pour lui nourrie[299] à mes dépens ?

AGNÈS
Non, il vous rendra tout jusques au dernier double[300].

ARNOLPHE
Elle a de certains mots où mon dépit[301] redouble.
1550   Me rendra-t-il, coquine, avec tout son pouvoir,
Les obligations que vous pouvez m'avoir ?

AGNÈS
Je ne vous en ai pas de si grandes qu'on pense.

ARNOLPHE
N'est-ce rien que les soins d'élever votre enfance ?

AGNÈS
Vous avez là-dedans bien opéré, vraiment,
1555   Et m'avez fait en tout instruire joliment !
Croit-on que je me flatte, et qu'enfin dans ma tête
Je ne juge pas bien que je suis une bête ?
Moi-même j'en ai honte, et dans l'âge où je suis
Je ne veux plus passer pour sotte, si je puis.

ARNOLPHE   [D v] [84]
1560   Vous fuyez l'ignorance et voulez, quoi qu'il coûte,
Apprendre du blondin quelque chose ?

AGNÈS
                              Sans doute.

---

299 *Nourrir* : élever.
300 Jusqu'au dernier sou. Le *double* est une monnaie valant peu et symbolisant
     la plus petite somme possible.
301 *Dépit* : irritation ou ressentiment violent.

C'est de lui que je sais ce que je puis savoir,
Et beaucoup plus qu'à vous je pense lui devoir.

ARNOLPHE

Je ne sais qui me tient qu'avec une gourmade[302]
1565   Ma main de ce discours ne venge la bravade.
J'enrage quand je vois sa piquante[303] froideur,
Et quelques coups de poing satisferaient mon cœur.

AGNÈS

Hélas ! vous le pouvez, si cela peut vous plaire.

ARNOLPHE

Ce mot, et ce regard, désarme ma colère,
1570   Et produit un retour de tendresse de cœur,
Qui de son action[304] m'efface la noirceur.
Chose étrange d'aimer, et que pour ces traîtresses
Les hommes soient sujets à de telles faiblesses !
Tout le monde connaît leur imperfection[305].
1575   Ce n'est qu'extravagance et qu'indiscrétion[306] ;
Leur esprit est méchant, et leur âme fragile ;
Il n'est rien de plus faible et de plus imbécile[307],
Rien de plus infidèle. Et malgré tout cela,
Dans le monde on fait tout pour ces animaux-là.
1580   Eh bien ! faisons la paix. Va, petite traîtresse,
Je te pardonne tout, et te rends ma tendresse.
Considère par là l'amour que j'ai pour toi,

---

302 Une *gourmade* est un coup de poing, principalement sur la figure.
303 Blessante, offensante.
304 Diérèse.
305 Diérèse sur la rime en -*ion*.
306 *L'indiscrétion* est le manque de jugement.
307 *Imbécile* : fragile.

Et me voyant si bon, en revanche[308] aime-moi.

AGNÈS

Du meilleur de mon cœur, je voudrais vous
[complaire.
1585   Que me coûterait-il, si je le pouvais faire ?

ARNOLPHE   [85]

Mon pauvre petit bec[309], tu le peux si tu veux.
Écoute seulement ce soupir amoureux.
Il fait un soupir.
Vois ce regard mourant, contemple ma personne,
Et quitte ce morveux et l'amour qu'il te donne.
1590   C'est quelque sort qu'il faut qu'il ait jeté sur toi,
Et tu seras cent fois plus heureuse avec moi.
Ta forte passion est d'être brave et leste[310] ;
Tu le seras toujours, va, je te le proteste[311].
Sans cesse nuit et jour je te caresserai,
1595   Je te bouchonnerai[312], baiserai, mangerai.
Tout comme tu voudras, tu pourras te conduire ;
Je ne m'explique point, et cela c'est tout dire.
À part.
Jusqu'où la passion[313] peut-elle faire aller !

---

308 En retour.
309 Cette appellation est à rattacher à l'expression que définit le dictionnaire
     de l'Académie en 1694 : « On dit d'une femme qu'elle fait le petit bec
     lorsqu'elle fait la petite bouche », c'est-à-dire qu'elle fait l'aimable, la
     gentille.
310 Bien habillée et élégante.
311 Voir au v. 885.
312 *Bouchonner* : au figuré et dans le style bas et comique, dit Furetière en
     1701, « pour cajoler, faire des caresses ». Au sens propre, on sait que
     bouchonner s'applique au soin des chevaux qu'on frotte avec un bouchon
     de paille ou de foin.
313 Diérèse.

Enfin, à mon amour rien ne peut s'égaler.
1600 Quelle preuve veux-tu que je t'en donne, ingrate ?
Me veux-tu voir pleurer ? Veux-tu que je me batte ?
Veux-tu que je m'arrache un côté de cheveux ?
Veux-tu que je me tue ? Oui, dis si tu le veux.
Je suis tout prêt, cruelle, à te prouver ma flamme.

AGNÈS

1605 Tenez, tous vos discours ne me touchent point l'âme.
Horace avec deux mots en ferait plus que vous.

ARNOLPHE

Ah ! c'est trop me braver, trop pousser mon courroux.
Je suivrai mon dessein, bête trop indocile,
Et vous dénicherez à l'instant de la ville.
1610 Vous rebutez mes vœux, et me mettez à bout ;
Mais un cul de couvent[314] me vengera de tout.

Scène 5   [D vj] [86]
ALAIN, ARNOLPHE [, AGNÈS]

ALAIN

Je ne sais ce que c'est, Monsieur, mais il me semble
Qu'Agnès et le corps mort s'en sont allés ensemble.

ARNOLPHE

La voici. Dans ma chambre allez me la nicher.
1615 Ce ne sera pas là qu'il la viendra chercher,

---

314 « Cul-de-basse-fosse, *cul de couvent*, le lieu le mieux gardé, le plus resserré
d'un couvent, le plus bas d'une prison » dit FUR., qui ajoute : « On dit,
en menaçant une fille désobéissante, qu'on la mettra dans le cul d'un
couvent pour dire qu'on la fera religieuse malgré elle, qu'il faut qu'elle
épouse le parti qu'on lui propose ou un couvent ».

Et puis c'est seulement pour une demi-heure.
Je vais, pour lui donner une sûre demeure,
Trouver une voiture. Enfermez-vous des mieux,
Et surtout gardez-vous de la quitter des yeux.
1620   Peut-être que son âme, étant dépaysée[315],
Pourra de cet amour être désabusée.

Scène 6

HORACE, ARNOLPHE

HORACE

Ah ! je viens vous trouver, accablé de douleur.
Le Ciel, Seigneur Arnolphe, a conclu[316] mon malheur,
Et, par un trait fatal d'une injustice extrême,   [87]
1625   On me veut arracher de la beauté que j'aime.
Pour arriver ici mon père a pris le frais[317] ;
J'ai trouvé qu'il mettait pied à terre ici près.
Et la cause en un mot d'une telle venue
Qui, comme je disais[318], ne m'était pas connue,
1630   C'est qu'il m'a marié sans m'en récrire[319] rien,
Et qu'il vient en ces lieux célébrer ce lien.
Jugez, en prenant part à mon inquiétude[320],
S'il pouvait m'arriver un contretemps plus rude.
Cet Enrique, dont hier je m'informais à vous[321],

---

315 *Dépayser*, c'est faire passer quelqu'un d'un lieu dans un autre.
316 A décidé mon malheur ou, plutôt, a mis le comble à mon malheur.
317 Mon père a choisi le moment où la fraîcheur tombe. Il est donc parti
    tard le soir ou tôt le matin.
318 Voir I, 4, vers 275-276.
319 Le père d'Horace n'a pas écrit une seconde lettre (*récrire*), après celle dont
    il a été fait mention, seconde lettre dans laquelle il aurait précisé qu'il
    venait pour marier son fils.
320 *Inquiétude* : souci, tourment.
321 Sur lequel je vous demandais des informations. Voir I, 4, vers 270-273.

1635   Cause tout le malheur dont je ressens les coups ;
       Il vient avec mon père achever ma ruine[322],
       Et c'est sa fille unique à qui l'on me destine.
       J'ai dès leurs premiers mots pensé m'évanouir ;
       Et d'abord, sans vouloir plus longtemps les ouïr[323],
1640   Mon père ayant parlé de vous rendre visite,
       L'esprit plein de frayeur je l'ai devancé vite.
       De grâce, gardez-vous de lui rien découvrir
       De mon engagement, qui le pourrait aigrir,
       Et tâchez, comme en vous il prend grande créance,
1645   De le dissuader de cette autre alliance.

                    ARNOLPHE
       Oui-da.

                    HORACE
            Conseillez-lui de différer un peu,
       Et rendez en ami ce service à mon feu.

                    ARNOLPHE
       Je n'y manquerai pas.

                    HORACE
                        C'est en vous que j'espère.

                    ARNOLPHE
       Fort bien.

                    HORACE
            Et je vous tiens mon véritable père.
1650   Dites-lui que mon âge... Ah ! je le vois venir.   [88]

_____

322 Diérèse.
323 Deux syllabes.

Écoutez les raisons que je vous puis fournir.

Ils demeurent en un coin du théâtre.

Scène 7

ENRIQUE, ORONTE, CHRYSALDE,
HORACE, ARNOLPHE

ENRIQUE, *à Chrysalde.*

Aussitôt qu'à mes yeux je vous ai vu paraître,
Quand on ne m'eût rien dit, j'aurais su vous
[connaitre[324].
Je vous vois tous les traits de cette aimable sœur,
1655 Dont l'hymen autrefois m'avait fait possesseur.
Et je serais heureux, si la Parque cruelle
M'eût laissé ramener cette épouse fidèle,
Pour jouir avec moi des sensibles douceurs
De revoir tous les siens après nos longs malheurs.
1660 Mais puisque du destin la fatale puissance
Nous prive pour jamais de sa chère présence,
Tâchons de nous résoudre et de nous contenter
Du seul fruit amoureux qui m'en est pu rester.
Il vous touche de près. Et sans votre suffrage[325]
1665 J'aurais tort de vouloir disposer de ce gage.
Le choix du fils d'Oronte est glorieux de soi,
Mais il faut que ce choix vous plaise comme à moi.

CHRYSALDE

C'est de mon jugement avoir mauvaise estime
Que douter si j'approuve un choix si légitime.

---

324 Reconnaître.
325 Vers 1664-1667 supprimés à la représentation, selon l'édition de 1682.

ARNOLPHE, *à Horace.*   [89]
1670 Oui, je vais vous servir de la bonne façon.

HORACE

Gardez, encore un coup…

ARNOLPHE

                              N'ayez aucun soupçon[326].

ORONTE, *à Arnolphe.*

Ah ! que cette embrassade est pleine de tendresse !

ARNOLPHE

Que je sens à vous voir une grande allégresse !

ORONTE

Je suis ici venu…

ARNOLPHE

                    Sans m'en faire récit,
1675 Je sais ce qui vous mène.

ORONTE

                              On vous l'a déjà dit.

ARNOLPHE

Oui.

ORONTE

Tant mieux.

---

326 À ce moment-là, comme l'indique une didascalie de 1734, Arnolphe
    quitte Horace pour aller embrasser Oronte (c'et-à-dire le prendre dans
    ses bras).

ARNOLPHE

Votre fils à cet hymen résiste,
Et son cœur prévenu[327] n'y voit rien que de triste.
Il m'a même prié de vous en détourner.
Et moi, tout le conseil que je vous puis donner,
1680 C'est de ne pas souffrir[328] que ce nœud se diffère,
Et de faire valoir l'autorité de père.
Il faut avec vigueur ranger les jeunes gens[329],
Et nous faisons contre eux[330] à leur être indulgents.

HORACE

Ah! traître!

CHRYSALDE

Si son cœur a quelque répugnance,
1685 Je tiens qu'on ne doit pas lui faire violence.
Mon frère, que je crois, sera de mon avis.   [90]

ARNOLPHE

Quoi! se laissera-t-il gouverner par son fils?
Est-ce que vous voulez qu'un père ait la mollesse
De ne savoir pas faire obéir la jeunesse?
1690 Il serait beau, vraiment, qu'on le vît aujourd'hui
Prendre loi de qui doit la recevoir de lui!
Non, non. C'est mon intime, et sa gloire est la
                                   [mienne[331].

---

327 Avant qu'Horace connaisse le vœu de son père, son cœur était déjà pris
     par l'amour d'Agnès.
328 Voir au v. 53.
329 Soumettre les jeunes gens à l'ordre, les obliger d'obéir à la loi.
330 Nous agissons contre leur intérêt.
331 Oronte est l'ami intime d'Arnolphe et Arnolphe veille à l'honneur
     d'Oronte. Toute la réplique est adressée à Chrysalde par-dessus la tête
     d'Oronte, pourtant objet du discours.

Sa parole est donnée, il faut qu'il la maintienne,
Qu'il fasse voir ici de fermes sentiments,
1695 Et force de son fils tous les attachements.

ORONTE

C'est parler comme il faut, et dans cette alliance,
C'est moi qui vous réponds de son obéissance.

CHRYSALDE, *à Arnolphe.*

Je suis surpris, pour moi, du grand empressement
Que vous nous faites voir pour cet engagement,
1700 Et ne puis deviner quel motif vous inspire…

ARNOLPHE

Je sais ce que je fais, et dis ce qu'il faut dire.

ORONTE

Oui, oui, Seigneur Arnolphe, il est…

CHRYSALDE

                                        Ce nom l'aigrit.
C'est Monsieur de la Souche, on vous l'a déjà dit.

ARNOLPHE

Il n'importe.

HORACE

Qu'entends-je ?

ARNOLPHE, *se retournant vers Horace.*

                        Oui, c'est là le mystère,
1705 Et vous pouvez juger ce que je devais faire.

HORACE

En quel trouble...

Scène 8   [91]

GEORGETTE, ENRIQUE, ORONTE,
CHRYSALDE, HORACE, ARNOLPHE

GEORGETTE

Monsieur, si vous n'êtes auprès,
Nous aurons de la peine à retenir Agnès.
Elle veut à tous coups s'échapper, et peut-être
Qu'elle se pourrait bien jeter par la fenêtre.

ARNOLPHE

1710   Faites-la-moi venir ; aussi bien de ce pas
Prétends-je l'emmener ; ne vous en fâchez pas[332] :
Un bonheur continu rendrait l'homme superbe[333],
Et chacun à son tour, comme dit le proverbe.

HORACE

Quels maux peuvent, ô Ciel ! égaler mes ennuis[334] ?
1715   Et s'est-on jamais vu dans l'abîme où je suis ?

ARNOLPHE, à Oronte.

Pressez vite le jour de la cérémonie.
J'y prends part, et déjà moi-même je m'en prie[335].

ORONTE

C'est bien notre dessein.

---

332 Arnolphe s'adresse alors à Horace, qu'il raille.
333 *Superbe* : orgueilleux.
334 Sens fort : mes malheurs, mes tourments.
335 Je m'invite moi-même à la noce.

Scène 9   [92]

AGNÈS, ALAIN, GEORGETTE, ORONTE,
ENRIQUE, ARNOLPHE, HORACE, CHRYSALDE

ARNOLPHE

Venez, belle, venez,
Qu'on ne saurait tenir, et qui vous mutinez[336].
1720   Voici votre galant à qui, pour récompense,
Vous pouvez faire une humble et douce révérence[337].
Adieu. L'événement trompe un peu vos souhaits ;
Mais tous les amoureux ne sont pas satisfaits[338].

AGNÈS

Me laissez-vous, Horace, emmener de la sorte ?

HORACE

1725   Je ne sais où j'en suis, tant ma douleur est forte.

ARNOLPHE

Allons, causeuse, allons.

AGNÈS

Je veux rester ici.

ORONTE

Dites-nous ce que c'est que ce mystère-ci ;
Nous nous regardons tous sans le pouvoir
                                    [comprendre.

---

336 Qui vous rebellez.
337 En guise d'adieu. Georges Couton rapproche heureusement cette révé-
     rence de séparation des révérences cocasses multipliées entre les deux
     jeunes gens, lors de la rencontre amoureuse initiale, narrée par Agnès
     en II, 5. Arnolphe y fait sans doute une allusion ironique et méchante.
338 Cette dernière phrase est adressée à Horace.

ARNOLPHE

Avec plus de loisir je pourrai vous l'apprendre.
1730 Jusqu'au revoir.

ORONTE   [93]
        Où donc prétendez-vous aller ?
Vous ne nous parlez point comme il nous faut
                                    [parler.

ARNOLPHE

Je vous ai conseillé, malgré tout son murmure[339],
D'achever l'hyménée.

ORONTE
                Oui. Mais pour le conclure,
Si l'on vous a dit tout, ne vous a-t-on pas dit
1735 Que vous avez chez vous celle dont il s'agit,
La fille qu'autrefois de l'aimable Angélique,
Sous des liens secrets, eut le Seigneur Enrique ?
Sur quoi votre discours était-il donc fondé ?

CHRYSALDE

Je m'étonnais aussi de voir son procédé.

ARNOLPHE

1740 Quoi ?...

CHRYSALDE
        D'un hymen secret ma sœur eut une fille,
Dont on cacha le sort à toute la famille.

---

339 Malgré toutes ses protestations sourdes.

ORONTE

Et qui sous de feints noms, pour ne rien découvrir,
Par son époux aux champs[340] fut donnée à nourrir.

CHRYSALDE

Et dans ce temps le sort, lui déclarant la guerre,
1745   L'obligea de sortir de sa natale terre.

ORONTE

Et d'aller essuyer mille périls divers[341]
Dans ces lieux séparés de nous par tant de mers.

CHRYSALDE

Où ses soins ont gagné ce que dans sa patrie
Avaient pu lui ravir l'imposture et l'envie.

ORONTE   [94]

1750   Et de retour en France, il a cherché d'abord[342]
Celle à qui de sa fille il confia le sort.

CHRYSALDE

Et cette paysanne a dit avec franchise
Qu'en vos mains à quatre ans elle l'avait remise.

ORONTE

Et qu'elle l'avait fait sur votre charité[343],
1755   Par un accablement d'extrême pauvreté[344].

---

340 À la campagne.
341 Vers 1746-1749 et 1754-1757 supprimés à la représentation, selon l'édition
      de 1682.
342 Aussitôt.
343 En se fondant sur votre charité.
344 Parce qu'elle était elle-même trop pauvre pour nourrir l'enfant Agnès.

CHRYSALDE

Et lui, plein de transports et l'allégresse en l'âme,
A fait jusqu'en ces lieux conduire cette femme.

ORONTE

Et vous allez, enfin, la voir venir ici
Pour rendre aux yeux de tous ce mystère éclairci.

CHRYSALDE

1760   Je devine à peu près quel est votre supplice ;
Mais le sort en cela ne vous est que propice :
Si n'être point cocu vous semble un si grand bien,
Ne vous point marier en est le vrai moyen.

ARNOLPHE, *s'en allant tout transporté*
et ne pouvant parler.

Oh[345] !

ORONTE

D'où vient qu'il s'enfuit sans rien dire ?

HORACE

                                    Ah ! mon
                                    [père,
1765   Vous saurez pleinement ce surprenant mystère.
Le hasard en ces lieux avait exécuté
Ce que votre sagesse avait prémédité.
J'étais par les doux nœuds d'une ardeur mutuelle
Engagé de parole avecque cette belle ;

---

345 Si toutes les éditions jusqu'en 1734 ont ce *Oh !*, il est certain qu'avec
Molière et du temps de Molière, le personnage quittait la scène sur un
Ouf ! Le *Oh !* exprime l'étonnement douloureux et, au XVIIᵉ siècle, *Ouf !*
exprime la douleur, et non le soulagement (voir *supra*, n. 84 au v. 393).

1770   Et c'est elle en un mot que vous venez chercher,
        Et pour qui mon refus a pensé[346] vous fâcher.

                        ENRIQUE   [95]
        Je n'en ai point douté d'abord que[347] je l'ai vue,
        Et mon âme depuis n'a cessé d'être émue.
        Ah! ma fille, je cède à des transports si doux.

                        CHRYSALDE
1775   J'en ferais de bon cœur, mon frère, autant que vous.
        Mais ces lieux et cela ne s'accommodent guères.
        Allons dans la maison débrouiller ces mystères,
        Payez à notre ami ces soins officieux[348],
        Et rendre grâce au Ciel qui fait tout pour le mieux.

                        FIN.

---

346 A pu.
347 Dès que.
348 *Officieux* : obligeant, serviable.

ANNEXES

1/ BOILEAU, STANCES À M. MOLIÈRE SUR SA COMÉDIE DE *L'ÉCOLE DES FEMMES*, QUE PLUSIEURS GENS FRONDAIENT

Dès la première représentation de la comédie de Molière, Boileau composa ces stances et, selon Brossette, les dédia à Molière le 1ᵉʳ janvier 1663. Elles parurent dans les Délices de la poésie galante *en 1663. Dans ces cinq strophes, Boileau prend la défense de Molière, déjà en butte aux attaques au milieu de son succès – déjà frondé, contesté et critiqué. Il donne aussitôt sa place dans la postérité à ce dramaturge comique qui sait saisir le naturel, la nature même. Par là, il rencontre ce que disait La Fontaine à propos des* Fâcheux.

Je suis le texte de 1663, établi par Françoise Escal pour les Œuvres complètes *de Boileau dans la Pléiade, 1966, p. 246.*

En vain, mille jaloux esprits,
Molière, osent avec mépris
Censurer ton plus bel ouvrage :
Sa charmante naïveté[1]
S'en va pour jamais d'âge en âge

---

1   Son naturel, sa conformité avec la nature.

Enjoüer[2] la postérité[3].

Tant que l'univers durera,
Avecque plaisir on lira,
Que quoi qu'une femme complote,
Un mari ne doit dire mot,
Et qu'assez souvent la plus sotte
Est habile pour faire un sot[4].

Que tu ris agréablement !
Que tu badines savamment !
Celui qui sut vaincre Numance,
Qui mit Carthage sous sa loi[5],
Jadis sous le nom de Térence
Sut-il mieux badiner que toi ?

Ta Muse avec utilité
Dit plaisamment la vérité ;
Chacun profite à ton école,
Tout en est beau, tout en est bon,
Et ta plus burlesque parole
Est souvent un docte sermon.

Laisse gronder tes envieux ;
Ils ont beau crier en tous lieux
Que c'est à tort qu'on te révère,

---

2   Égayer.
3   Ce vers devient « Divertir la postérité » dans l'édition 1701 des *Œuvres diverses*.
4   Cette strophe a été retranchée par Boileau en 1701. – Jeu sur les deux sens de *sot*, « stupide » et « cocu ».
5   Il s'agit de Scipion, à qui on attribuait la paternité des comédies de Térence, qu'il protégeait.

Que tu n'es rien moins que plaisant[6],
Si tu savais un peu moins plaire,
Tu ne leur déplairais pas tant.

2/ DONNEAU DE VISÉ, *NOUVELLES NOUVELLES*
Extrait du t. III

Le jeune littérateur débutant et ambitieux Jean Donneau de Visé commença sa carrière en publiant, au début de 1663, chez Pierre Bienfaict, trois volumes des Nouvelles Nouvelles *; dans le troisième, qui contient la troisième partie, il a inséré la première notice qui fut écrite sur Molière – soit moins de deux mois après la représentation de* L'École des femmes. *On trouve cette notice dans un chapitre intitulé « Extrait d'une lettre écrite du Parnasse, touchant les nouveaux règlements qui ont été depuis peu faits dans le conseil d'Apollon et des Muses, extraordinairement assemblé », aux pages 219-235 du t. III ; le développement est présenté comme « l'abrégé de l'abrégé » de la vie de Molière. Deux exemplaires de ce texte sont disponibles : BnF : Y2-8479, t. 3 et Arsenal : 8-BL-18983 (3). Une édition critique réalisée par Claude Bourqui et Christophe Schuwey des* Nouvelles Nouvelles *vient d'être mise en ligne (2014) (http://www.nouvellesnouvelles.fr).*

*Sous forme d'un dialogue entre interlocuteurs opposés, c'est, selon le mot juste de Patrick Dandrey (*La Guerre comique. Molière et la querelle de « L'École des femmes »*, 2014, p. 95), « un mélange de menace et d'offre à s'employer », car le dialogue autorise l'ambiguïté avec l'expression de deux positions,*

---

6   En 1701, ces deux derniers vers deviennent : « Qu'en vain tu charmes le vulgaire, / Que tes vers n'ont rien de plaisant. »

favorable ou plus ou moins réticente à l'égard de ce « comédien de la troupe de Monsieur, dont les pièces font tant de bruit, et dont l'on parle partout, comme d'un homme qui a infiniment d'esprit » (ainsi que le présente un des interlocuteurs). Au reste, après avoir pris parti contre Molière dans la querelle de L'École des femmes, Donneau de Visé se rapprochera du grand comique et des siens.

Le texte parcourt à grandes enjambées la carrière de Molière depuis ses premières farces, et en vient pour finir à L'École des femmes.

[...]

La dernière de ses comédies, et celle dont vous souhaitez le plus que je vous entretienne, parce que c'est celle qui fait le plus de bruit, s'appelle *L'École des femmes*. Cette pièce a cinq actes. Tous ceux qui l'ont vue sont demeurés d'accord qu'elle est mal nommée, et que c'est plutôt *L'École des maris* que *L'École des femmes* ; mais comme il en a déjà fait une sous ce titre, il n'a pu lui donner le même nom. Elles ont beaucoup de rapport ensemble ; et dans la première il[7] garde une femme dont il veut faire son épouse, qui bien qu'il la croie ignorante, en sait plus qu'il ne croit, ainsi que l'Agnès de la dernière, qui joue aussi bien que lui le même personnage, et dans *L'École des maris* et dans *L'École des femmes*[8] ; et toute la différence que l'on y trouve, c'est que l'Agnès de *L'École des femmes* est un peu plus sotte et plus ignorante que l'Isabelle de *L'École des maris*.

---

7   Le tuteur d'Isabelle : Sganarelle. Le style et la syntaxe de ce texte restent
     parfois approximatifs...Nous en aurons d'autres exemples.
8   Cela frise le charabia... mais on comprend ce que de Visé veut dire dans
     sa comparaison des deux *Écoles* !

Le sujet de ces deux pièces n'est point de son invention :
il est tiré de divers endroits, à savoir de Boccace[9], des contes
de d'Ouville, de *La Précaution inutile* de Scarron[10] ; et ce
qu'il y a de plus beau dans la dernière est tiré d'un livre
intitulé *Les Nuits facétieuses du seigneur Straparole*, dans une
histoire, duquel un rival vient tous les jours faire confidence
à son ami, sans savoir qu'il est son rival, des faveurs qu'il
obtient de sa maîtresse ; ce qui fait tout le sujet et la beauté
de *L'École des femmes*.

Cette pièce a produit des effets tout nouveaux, tout le
monde l'a trouvée méchante, et tout le monde y a couru.
Les dames l'ont blâmée, et l'ont été voir. Elle a réussi sans
avoir plu, et elle a plu à plusieurs qui ne l'ont pas trouvée
bonne ; mais pour vous en dire mon sentiment, c'est le
sujet le plus mal conduit qui fût jamais, et je suis prêt à
soutenir qu'il n'y a point de scène où l'on ne puisse faire
voir une infinité de fautes.

Je suis toutefois obligé d'avouer, pour rendre justice à ce
que son auteur a de mérite, que cette pièce est un monstre
qui a de belles parties, et que jamais l'on ne vit tant de si
bonnes et de si méchantes choses ensemble. Il y en a de si
naturelles qu'il semble que la nature ait elle-même travaillé
à les faire. Il y a des endroits qui sont inimitables, et qui
sont si bien exprimés que je manque de termes assez forts
et assez significatifs pour vous les bien faire concevoir. Il n'y
a personne au monde qui les pût si bien exprimer, à moins
qu'il n'eût son génie, quand il serait un siècle à les tourner :

---

9   Non de Boccace, mais de son imitateur Ser Giovanni Fiorentino, dans
     Il Pecorone.
10 En réalité, *L'École des cocus, ou La Précaution inutile*, comédie de Dorimond,
     et la nouvelle de Scarron, « La Précaution inutile » remontent à la même
     source, une nouvelle espagnole de Maria de Zayas y Sotomayor ; cette
     nouvelle a d'abord été traduite par Scarron, puis par d'Ouville.

ce sont des portraits de la nature qui peuvent passer pour originaux. Il semble qu'elle y parle elle-même. Ces endroits ne se rencontrent pas seulement dans ce que joue Agnès, mais dans les rôles de tous ceux qui jouent à cette pièce.

Jamais comédie ne fut si bien représentée, ni avec tant d'art ; chaque acteur sait combien il y doit faire de pas, et toutes ses œillades sont comptées.

Après le succès de cette pièce, on peut dire que son auteur mérite beaucoup de louanges pour avoir choisi entre tous les sujets que Straparole lui fournissait celui qui venait le mieux au temps, pour s'être servi à propos des mémoires que l'on lui donne tous les jours, pour n'en avoir tiré que ce qu'il fallait, et l'avoir si bien mis en vers et si bien cousu à son sujet ; pour avoir si bien joué son rôle, pour avoir si judicieusement distribué tous les autres, et pour avoir enfin pris le soin de faire si bien jouer ses compagnons, que l'on peut dire que tous les acteurs qui jouent dans sa pièce sont des originaux que les plus habiles maîtres de ce bel art pourront difficilement imiter.

— Tout ce que vous venez de dire est véritable, repartit Clorante ; mais si vous voulez savoir pourquoi presque dans toutes ses pièces il raille tant les cocus et dépeint si naturellement les jaloux, c'est qu'il est du nombre de ces derniers. Ce n'est pas que je ne doive dire, pour lui rendre justice, qu'il ne témoigne pas sa jalousie hors du théâtre ; il a trop de prudence et ne voudrait pas s'exposer à la raillerie publique. Mais il voudrait faire en sorte, par le moyen de ces pièces, que tous les hommes pussent devenir jaloux, et témoigner leur jalousie sans être blâmés, afin de pouvoir faire comme les autres, et témoigner la sienne sans crainte d'être raillé.

Nous verrons dans peu, continua le même, une pièce de lui, intitulée *La Critique de L'École des femmes*, où il dit toutes les fautes que l'on reprend dans sa pièce, et les excuse en même temps.

— Elle n'est pas de lui, repartit Straton, elle est de l'abbé Du Buisson, qui est un des plus galants hommes du siècle.

— J'avoue, lui répondit Clorante, que cet illustre abbé en a fait une, et que l'ayant portée à l'auteur dont nous parlons, il trouva des raisons pour ne la point jouer, encore qu'il avouât qu'elle fût bonne ; cependant, comme son esprit consiste principalement à se savoir bien servir de l'occasion, et que cette idée lui a plu, il a fait une pièce sur le même sujet, croyant qu'il était seul capable de se donner des louanges[11].

— Cette critique avantageuse, ou plutôt cette ingénieuse apologie de sa pièce, répliqua Straton, ne la fera pas croire meilleure qu'elle n'est, et ce n'est pas d'aujourd'hui que tout le monde est persuadé que l'on peut, et même avec quelque sorte de succès, attaquer de beaux ouvrages et en défendre de méchants[12], et que l'esprit paraît plus en défendant ce qui est méchant, qu'en attaquant ce qui est beau ; c'est pourquoi l'auteur de *L'École des femmes* pourra, en défendant sa pièce, donner d'amples preuves de son esprit. Je pourrais encore dire qu'il connaît les ennemis qu'il a à combattre, qu'il sait l'ordre de la bataille, qu'il ne les attaquera que par des endroits dont il sera sûr de sortir à son honneur, et qu'il se mettra en état de ne recevoir aucun coup qu'il ne puisse parer. Il sera de plus chef d'un des partis et juge du combat tout ensemble, et ne manquera pas de favoriser les siens. C'est avoir autant d'adresse que d'esprit, que d'agir de la sorte ; c'est aller au-devant du coup, mais seulement pour le parer, ou plutôt, c'est feindre

---

11 Molière rectifiera et donnera sa version du rôle de son ami Du Buisson dans la Préface de *L'École des femmes*.

12 *Méchants* : mauvais.

de se maltraiter soi-même, pour éviter de l'être d'un autre, qui pourrait frapper plus rudement.

– Quoique cet auteur soit assez fameux, lui dis-je alors, pour obliger les personnes d'esprit à parler de lui, c'est assez nous entretenir sur un même sujet. J'avouerai toutefois, avant que de le quitter, que vous m'avez fait concevoir beaucoup d'estime pour le peintre ingénieux de tant de beaux tableaux du siècle. Tout ce que vous m'avez dit de lui m'a paru fort sincère, car vous l'avez dit d'une manière à me faire croire que tout ce que vous avez dit à sa gloire est véritable, et les ombres que vous avez placées en quelques endroits de votre portrait n'ont fait que relever l'éclat de vos couleurs ; et s'il vient à savoir tout ce que vous avez dit à son avantage, il sera bien délicat s'il ne vous en est obligé, et je connais beaucoup de personnes qui se tiendraient glorieuses que l'on pût dire d'elles ce que vous avez dit à sa gloire.

LA QUERELLE
DE L'ÉCOLE DES FEMMES

LA CRITIQUE
DE L'ÉCOLE DES FEMMES

INTRODUCTION

LA RÉCEPTION
DE *L'ÉCOLE DES FEMMES*

L'École des femmes fut d'abord et d'emblée un triomphe public. La recette de la première en témoigne (1 518 livres), qui fut exceptionnelle. La comédie fut donnée plus de trente fois du 26 décembre 1662 au 9 mars 1663, avec des recettes toujours élevées. Dans le même temps, elle était jouée chez des grands, en visite. Molière s'empressa de prendre un privilège pour l'impression et la pièce sortit des presses le 17 mars, avec une dédicace à Madame, tournée de manière habile et spirituelle, comme toutes les dédicaces de Molière, alors même que les représentations cessaient à cause du relâche de Pâques.

Tout aussi important : le succès à la cour et auprès du roi. Le gazetier Loret rend compte d'une première représentation à l'invitation du roi et devant le roi et les reines, le 6 janvier 1663, jour de l'Épiphanie, au Louvre. Également selon La Grange, *L'École des femmes* fut redonnée devant le roi le 20 janvier. Grand succès, dit Loret : les Majestés rirent « jusqu'à s'en tenir les côtes[1] ». Cela eut une conséquence lucrative : la troupe reçut une gratification de 4 000 livres.

---

1   Dans sa *Muse historique*, lettre II du 13 janvier 1663.

Plus important encore : en mai-juin 1663, « en qualité de bel esprit », c'est-à-dire d'écrivain, Molière fut couché sur la liste des pensionnés, pour 1 000 livres. Il rédigea donc un *Remerciement au roi*.

Si Molière entrait de plus en plus dans la faveur du monarque, si son succès public était éclatant, *L'École des femmes* suscita aussi d'emblée réserves et critiques, venues de divers horizons – une *fronde* disait-on à l'époque. Loret souligne bien ce contraste :

> Pièce qu'en plusieurs lieux on fronde,
> Mais où pourtant va tant de monde,
> Que jamais sujet important
> Pour le vrai n'en attira tant...

De fait, dès le 1er juin 1663, Boileau, qui ne connaissait pas encore Molière, lui adressa cinq stances pour féliciter le nouveau Térence et l'encourager à dédaigner ses jaloux (« Laisse gronder tes envieux... »). Le premier des envieux à se manifester pour l'instant fut Jean Donneau de Visé, qui consacra à Molière et à sa carrière jusqu'à *L'École des femmes* une notice pour le moins ambiguë et parfois méchante, au tome III de ses *Nouvelles Nouvelles*, achevées d'imprimer au début de février 1663[2].

Dès la Préface de *L'École des femmes*, Molière prenait acte des frondeurs et de leurs censures, pour le moment presque exclusivement orales, et, renonçant à leur répondre dans cette Préface et à jouer dans son théâtre une réplique sous forme de dialogue rédigée par son ami l'abbé Dubuisson, il annonça, dans cette même Préface, une petite comédie de sa plume – une *Critique* – consacrée à sa défense, « en cas que je me résolve à la faire paraître ».

---

2   On a pu lire ces textes *supra*, p. 175-182, à la suite de *L'École des femmes*.

La menace fut mise à exécution trois mois plus tard : le 1er juin, c'est la première représentation de *La Critique de L'École des femmes*, qui accompagnait la grande comédie de *L'École des femmes*. Et jusqu'à l'interruption du mois d'août, les deux pièces tinrent seules l'affiche, avec des recettes brillantes ou fortes.

UNE COMÉDIE DE SALON

Saute immédiatement aux yeux l'originalité de la réponse de Molière : non une plate dissertation, mais un dialogue, une comédie. C'est un coup de génie dans la manière, et qui s'imposa à ses adversaires. Cette guerre originale va se dérouler sur les théâtres rivaux, à coups de libelles et de pamphlets scéniques.

Une après-midi, dans la salle haute de l'étage, chez Uranie, deux cousines, vives et aimant la société, s'apprêtent à recevoir des visites, dont la conversation va porter sur *L'École des femmes*. Cette échappée sur la vie mondaine permet ainsi une progression naturelle et aisée, avec la survenue successive des visites, les conversations engagées et interrompues, la répartition, l'aimantation, pourrait-on dire, des interlocuteurs qui forment des cristallisations, des camps opposés bientôt, les interventions où chacun se peint, les conversations variées, en dialogues rapides ou en déclarations plus amples qui confinent à la tirade ; jusqu'à l'idée finale lancée par Uranie de faire une petite comédie de leur dispute, dont le dénouement serait... celui même de la présente *Critique* : le maladroit petit laquais annonce le souper et l'on se lève. Joli effet de miroir, qui du théâtre renvoie au théâtre, comme à l'infini.

Quel esprit dans la manière ! Il est vrai que l'art de la conversation se pratiquait admirablement au siècle classique.

LES DEVISANTS

La patte du peintre se retrouve dans le portrait des interlocuteurs, qui se dévoilent à travers leurs prises de position dans le débat.

Les hôtesses, les deux cousines, allient la nécessaire courtoisie et la malice à l'endroit de ceux qu'elles ne supportent pas, comme le marquis incommode ou la précieuse Climène, d'ailleurs déjà tympanisés par les deux cousines avant même d'être introduits dans le salon. Il faut voir leur jeu avec Climène, qu'elles peaudent à toutes mains, comme dirait Montaigne – l'une, Uranie, disant nettement son opposition au point de vue de Climène ; l'autre, Élise, maniant constamment une ironie assassine, évidemment incomprise de Climène[3].

D'emblée le partage se fait entre les adversaires et les partisans de *L'École des femmes*. Viennent rejoindre la précieuse indignée un marquis turlupin et un poète vaniteux qui mêle l'ennui au pédantisme, – un trio d'extravagants et de ridicules. Il faut apprécier la qualité du portrait scénique de ces personnages, que Molière n'a pas fini de dauber, et goûter le plaisir de la satire. C'est de bonne guerre : les adversaires de Molière sont ridicules et disqualifiés. Climène et le marquis sont des sots incapables d'argumenter, le

---

3   Voir surtout la scène 3.

marquis n'accédant même pas à une pensée ; seul le poète Lysidas avance des arguments et des critiques plus précis, mais en pédant rétrograde.

En face, les deux cousines, toutes de finesse et d'esprit, doivent se mettre légèrement en retrait de la dispute comme hôtesses ; mais l'ironie ou quelque appréciation franche signalent leur position. En fait, elles attendent de Dorante – un noble galant, mais ferme et acéré à l'occasion, capable de formuler et de développer sa pensée – qu'il se montre le champion et le défenseur de Molière et de *L'École des femmes*. Ce que cet honnête homme réalise, avec patience et élégance. Si bien que *La Critique de L'École des femmes* constitue un des rares textes par lequel Molière présente ses idées littéraires ou quelques-unes de ses idées littéraires – ses *théories*, oserait-on, si le mot ne sentait pas un peu trop son pédant et n'excédait pas les quelques idées exposées ici.

CRITIQUES ET RÉPONSES

À ceux qui ne voyaient en Molière qu'un farceur, un amuseur incapable de s'élever au grand genre, il est nettement répondu par la bouche de Dorante, qui défend et glorifie la comédie contre la tragédie. La tragédie se guinde bien facilement sur les grands sentiments ; peindre d'après nature, proposer des portraits ressemblants des hommes de son siècle – mais des portraits où l'on ne cherche pas de ressemblances particulières, d'applications – et être capable de faire rire les honnêtes gens en entrant « comme il faut dans le ridicule des hommes » et en rendant agréablement sur le théâtre des défauts de tout le monde est moins aisé[4]. Le terrain du dramaturge comique est balisé et sa dignité affirmée.

Dorante formule également la conception que Molière se forge du public ou de ses publics. Sont rejetés également les cuistres sectateurs des règles, et ces aristocrates élégants et sots qui paradent sur la scène, n'écoutent pas la comédie et réagissent à contresens. Molière défend à la fois le sens commun du parterre (ce public debout qui payait les places les moins chères) et le jugement de la cour, contre « tout le savoir enrouillé des pédants ». Au nom du plaisir, car la bonne manière n'est pas de chicaner sur les règles, mais de se laisser aller « de bonne foi aux choses qui vous prennent par les entrailles », de chercher à être touché et diverti, puisqu'aussi bien, pour le dramaturge, « la grande règle de toutes les règles » est de plaire[5].

Mais concernant *L'École des femmes* elle-même ? Les adversaires de cette comédie mettent ici au jour un certain nombre de critiques qui reparaîtront tout au long de la querelle. À ces reproches, il est plus ou moins répondu dans *La Critique*. Que d'aucuns tiennent les plaisanteries froides ne peut trouver d'autre réplique que l'affirmation que d'autres spectateurs ont beaucoup ri à la pièce. Le reproche d'obscénité mis en avant par la pruderie de Climène est déconsidéré par celle-là même qui le profère ; Molière n'y répond pas autrement qu'en montrant les mots et expressions censurés parfaitement en situation, dans la bouche des personnages qui les prononcent. Peut-il d'ailleurs vraiment y répondre ? Pour Lysidas, *L'École* ne satisfait pas aux règles du poème dramatique. Si, répond, sans développer, Dorante. C'est sans doute sur l'absence d'action que les réponses de Dorante

---

4   Scène 6.
5   Scènes 5 et 6.

et d'Uranie s'avèrent les plus intéressantes, comme nous l'avons aperçu en étudiant la dramaturge de *L'École des femmes* dans l'introduction à cette pièce : les nombreux récits qui semblent éliminer l'action valent action et dévoilent progressivement les personnages, dans une comédie d'ailleurs riche en actions scéniques. Ainsi, le débat proprement dit sur *L'École des femmes* n'intervient qu'à la fin de *La Critique*, sans être mené au fond. Mais, encore une fois, Molière écrit une petite comédie, pas une dissertation en forme, non ? Et avec un talent qui ne sera jamais égalé. Dès la fin du XVIIe siècle, le procédé fut repris d'augmenter une comédie de sa *Critique* – apologie et publicité ; mais le plus souvent platement et médiocrement[6].

En tout cas, Molière put dédier sa *Critique de L'École des femmes* à la reine mère, centre de la vieille cour dévote, mais grande amatrice de théâtre ; cela constituait un beau coup et une aussi une belle réponse à certains de ses censeurs !

LA GUERRE COMIQUE

La querelle est désormais bel et bien lancée – ce qu'on appelle depuis la fin du XIXe siècle la querelle de *L'École des femmes* et qu'un contemporain de Molière, d'ailleurs son partisan, appela la guerre comique, c'est-à-dire la guerre théâtrale. Ce fut une guerre relativement courte – du tout début de 1663 au début de 1664 (*L'Impromptu de Versailles* fut joué jusqu'en décembre 1663, Molière se retirant alors du combat). Ce fut aussi une guerre originale, car elle se

---

6   Pensons seulement à *La Critique du Légataire universel* de Regnard.

déroula sur les théâtres rivaux – le Palais-Royal pour Molière, l'Hôtel de Bourgogne pour ceux qu'on appelait les Grands Comédiens –, et à coups de petites pièces – le plus souvent des conversations médiocrement dramatiques. Il s'agit donc d'une guerre théâtrale en plus d'un sens : elle concernait une pièce de théâtre et elle se livrait à l'aide de pièces de théâtre.

Qui fut donc le fauteur de guerre ? Molière lui-même, disent les uns[7], qui profita des premières attaques contre lui, ni brutales ni excessives d'abord, pour mieux se mettre en valeur en se défendant. Torts partagés, répond l'autre[8] : la menace brandie dans la Préface de *L'École des femmes* a cristallisé l'épanouissement de la cabale et de la guerre, et tous les adversaires purent espérer quelque publicité dans cette affaire.

Quoi qu'il en soit, les moliéristes se trouvent en face d'un ensemble de textes polémiques, marqués par une énorme disparate : d'un côté un corpus de pamphlets, aussi faibles de pensée, en général, que dépourvus de style ; de l'autre la contribution de Molière – *La Critique de L'École des femmes* qui met en scène les spectateurs, puis *L'Impromptu de Versailles* qui met en scène les comédiens eux-mêmes, avec leur chef, sous leur propre nom, soit deux joyaux qui permirent à Molière de développer un véritable programme esthétique.

Les textes des adversaires de Molière ont tous été publiés[9] et la synthèse a été faite des échanges d'arguments. Comédiens et autres rivaux dramaturges (on murmura que Pierre Corneille était à l'origine de la cabale), partisans des idées anciennes et dévots s'allièrent pour accabler Molière

---

7   Georges Forestier et Claude Bourqui, « Comment Molière inventa la querelle de *L'École des femmes* », *Littératures classiques*, nº 81, 2013, p. 185-197.

8   Patrick Dandrey, *La Guerre comique. Molière et la querelle de* L'École des femmes, Paris, Hermann, 2014.

9   Dans *La Querelle de L'École des femmes*, éd. Georges Mongrédien, 1971, 2 vol.

de critiques de divers ordres, trop souvent insignifiantes ou calomnieuses : des critiques d'ordre personnel (Molière serait mauvais comédien, avare et il est accablé d'autres plus graves insinuations) ; des critiques d'ordre littéraire et dramaturgique (Molière est accusé de plagiat et son *École des femmes* est assaillie de reproches que *La Critique de L'École des femmes* a mis au jour, concernant la construction de l'action ou la conception des personnages) ; et évidemment des critiques d'ordre moral et religieux (Molière, en particulier à cause du « sermon » d'Arnolphe et des Maximes du mariage, est accusé d'impiété, et aussi, à cause du fameux *le*, d'obscénité). Tout cela est bien connu.

Le travail récent de Patrick Dandrey est d'un autre intérêt, qui cherche à analyser la querelle dans ses structures et dans son fonctionnement, dans sa syntaxe de querelle littéraire ; sa *Guerre comique* propose une véritable anatomie de la querelle de *L'École des femmes*, en délaissant les arguments et les thèmes polémiques « au profit des modalités et des formes de la polémique[10] ». Ainsi, il présente les combattants qui se trouvent finalement engagés dans une sorte de grande intrigue de comédie, où se déploie évidemment la réécriture, et selon la volonté de Molière, qui aura dominé la querelle de main de maître. C'est bien Molière qui avait choisi le théâtre pour vider la querelle et qui propulsa le débat sur les scènes en faisant le public juge – un public qu'il défend, qui a eu raison de rire et de louer Molière. C'est bien Molière qui opposa au ressassement mesquin et chicanier des griefs la stratégie de la prouesse ou de l'exploit, comme dit notre critique[11] – ces exploits

---

10 *Op. cit.*, p. 142.
11 Voir *op. cit.*, chapitre IX ; voir aussi son « Molière polémiste ? La chicane et la prouesse », [in] *Les Querelles dramatiques à l'âge classique* (XVIIᵉ-XVIIIᵉ siècle), 2010, p. 85-95.

étant les deux petites comédies de *La Critique de L'École des femmes* et de *L'Impromptu de Versailles*, qui continuèrent de faire triompher le rire. En face de l'ennui que distillaient ses adversaires chicaniers, Molière triomphait par le rire – le succès de rire de ses pièces étant pour lui la preuve de leur valeur esthétique supérieure.

Voilà qui éclaire singulièrement cette guerre comique que fut la querelle de *L'École des femmes*.

Revenons à la chronologie de la querelle et mentionnons les deux premières répliques à *La Critique de L'École des femmes* de Molière. La première est due à Donneau de Visé, l'auteur des *Nouvelles Nouvelles*, qui avait composé la notice plutôt désagréable sur Molière ; sa *Zélinde, ou La Véritable Critique de L'École des femmes* sortit des presses le 4 août 1663 et fut probablement jouée à l'Hôtel de Bourgogne. Cette pesante dissertation dialoguée s'acharne, scène à scène, sur *L'École des femmes* et sur *La Critique de L'École des femmes*. Boursault ensuite entra dans la danse et porta aux comédiens de l'Hôtel de Bourgogne un *Portrait du peintre, ou La Contre-Critique de L'École des femmes*, joué en septembre-octobre et imprimé en novembre (mais sans une ignoble « chanson de la coquille » qui s'appliquait à Madeleine Béjart). On verra bientôt quel sort *L'Impromptu de Versailles* réserva au malheureux Boursault et à ses attaques contre Molière, une quinzaine de jours après la représentation du *Portrait du peintre*.

LE TEXTE

Nous suivons le texte de l'édition originale, dans l'émission procurée par Gabriel Quinet, dont voici la description :

LA / CRITIQUE / DE / L'ESCOLE / DES FEMMES, / COMEDIE. : *Par I. B. P.* MOLIERE. / A PARIS, / Chez GABRIEL QUINET, au Palais, / dans la Gallerie des Prisonniers, / à l'Ange Gabriel. / M. DC. LXIII. / AVEC PRIVILEGE DU ROY. In-12 : [I-XII : page de titre ; A LA / REYNE / MERE ; Extrait du Privilège ; Les personnages] ; 1-117 ; [3].

Deux exemplaires sont conservés à la BnF, Tolbiac : RES-YF-4155 et 4157. Numérisation : IFN-8610786.

BIBLIOGRAPHIE

Les éditions de *L'École des femmes* par Jean Serroy (Paris, Gallimard, Folio Classique, 2012) et par Bénédicte Louvat-Molozay (Paris, GF Flammarion, 2011), précédemment signalées, contiennent également le texte de *La Critique de L'École des femmes*.

La Querelle de L'École des femmes, comédies de Jean Donneau de Visé, Edme Boursault, Charles Robinet, A. J. Montfleury, Jean Chevalier, Philippe de La Croix, éd. Georges Mongrédien, Paris, Marcel Didier pour la S.T.F.M., 1971, 2 vol.

NORMAN, LARRY F., « Molière, les « mémoires » et le mythe de la transparence », [in] *Vraisemblance et représentation au XVIIe siècle : Molière en question*, [Dijon], Centre de recherches Interactions culturelles européennes, équipe de recherches Texte et édition, 2004, p. 67-89.

DANDREY, Patrick, « Molière polémiste ? La chicane et la prouesse », [in] *Les Querelles dramatiques à l'âge classique (XVIIe-XVIIIe siècle)*, études réunies et présentées par Emmanuelle Hénin, Louvain-Paris-Walpole (MA), Peeters, 2010, p. 85-95.

FORESTIER, Georges, et BOURQUI, Claude, « Comment Molière inventa la querelle de *L'École des femmes* », *Littératures classiques*, n° 81, 2013, p. 185-197.

DANDREY, Patrick, *La Guerre comique. Molière et la querelle de* L'École des femmes, Paris, Hermann, 2014.

DANDREY, Patrick, « Une critique à l'impromptu : Molière et la comédie d'"auto-analyse" », [in] *L'Ombre dans l'œuvre : la critique dans l'œuvre littéraire*, sous la direction de Marianne Bouchardon et Myriam Dufour-Maître, Paris, Classiques Garnier, 2015, p. 113-125 (Rencontres, 122).

STEIGERWALD, Jörn, « Le naturel : Molières Modellierung eines sociales und ästhetischen Idéaux (*L'École des femmes, La Critique de L'École des femmes, L'Impromptu de Versailles*) », *Romanistische Zeitschrift für Literaturgeschichte*, 41, 3-4, 2017, p. 283-305.

BOURQUI, Claude, « La critique d'actualité et le tournant moliéresque », [in] *La Critique au présent : émergence du commentaire sur les arts, XVIe-XVIIe siècle*, Paris, Classiques Garnier, 2019, p. 127-145.

LA CRITIQUE
DE
L'ÉCOLE
DES FEMMES,

COMÉDIE

Par I. B. P. MOLIÈRE

À PARIS,
Chez GABRIEL QUINET, au Palais,
Dans la Galerie des Prisonniers,
à l'ange Gabriel.

M. DC. LXIII.

AVEC PRIVILÈGE DU ROI.

À LA REINE MÈRE[1]

MADAME,

Je sais bien que VOTRE MAJESTÉ n'a que faire
de toutes nos dédicaces, et que ces prétendus de[ã ij]
[n. p.]voirs, dont on lui dit élégamment qu'on s'acquitte
envers Elle, sont des hommages, à dire vrai, dont Elle
nous dispenserait très volontiers. Mais je ne laisse pas
d'avoir l'audace de lui dédier *La Critique de L'École des
femmes*, et je n'ai pu refuser cette [n. p.] petite occasion,
de pouvoir témoigner ma joie à VOTRE MAJESTÉ sur
cette heureuse convalescence, qui redonne à nos vœux la
plus grande et la meilleure Princesse du monde, et nous
promet en Elle de longues années d'une santé vigoureuse[2]. Comme chacun regarde les [ã iij] [n. p.] choses
du côté de ce qui le touche, je me réjouis, dans cette
allégresse générale, de pouvoir encore obtenir l'honneur
de divertir VOTRE MAJESTÉ ; Elle, MADAME, qui
prouve si bien que la véritable dévotion n'est point
contraire aux honnêtes diver[n. p.]tissements ; qui de
ses hautes pensées, et de ses importantes occupations
descend si humainement dans le plaisir de nos spectacles,
et ne dédaigne pas de rire de cette même bouche, dont
Elle prie si bien Dieu. Je flatte, dis-je, mon esprit de
l'espérance de [ã iiij] [n. p.] cette gloire ; j'en attends le
moment avec toutes les impatiences du monde, et quand

---

1   Belle caution que celle de la reine Anne d'Autriche, centre de la vieille
     cour, mais dont la dévotion s'accommodait alors de son goût pour le
     théâtre.
2   Âgée de 62 ans, le reine mère avait été la proie d'accès de fièvre.

je jouirai de ce bonheur, ce sera la plus grande joie que je puisse recevoir,

MADAME,

De Votre Majesté,

Le très humble, très obéissant,
et très fidèle serviteur
et sujet,

J. B. P. MOLIÈRE.

EXTRAIT DU PRIVILÈGE DU ROI   [n. p.]

Par grâce et privilège du Roi, donné à Paris le 10 juin 1663, Signé, par le Roi en son Conseil, BOUCHARD. Il est permis à CHARLES DE SERCY, marchand-libraire de notre bonne ville de Paris, de faire imprimer une pièce de théâtre, de la composition du Sieur de MOLIÈRE, intitulée *La Critique de L'École des femmes*, pendant le temps de sept années. Et défenses sont faites à toutes personnes de quelque qualité et condition qu'ils soient, d'imprimer, vendre ni débiter ladite comédie de *La Critique de L'École des femmes*, à peine de mil livres d'amende, et de tous dépens, dommages et intérêts. Comme il est plus amplement porté par lesdites Lettres.

Et ledit DE SERCY a fait part du Privilège ci-dessus aux Sieurs JOLY, DE LUYNE, BILLAINE, LOYSON,

GUIGNARD, BARBIN & QUINET, pour en jouir le temps porté par icelui.

Registré sur le Livre de la Communauté des marchands-libraires & imprimeurs, le 21 juillet 1663.

Signé MARTIN, Syndic.

Achevé d'imprimer pour la première fois le 7 août 1663.

Les exemplaires ont été fournis.

URANIE[3].

ÉLISE.

CLIMÈNE.

GALOPIN, laquais.

LE MARQUIS.

DORANTE, ou le Chevalier[4].

LYSIDAS[5], poète.

---

3   Nom de Parnasse qui convient à une dame de haute qualité.
4   Un chevalier est un noble de souche.
5   Autre nom de Parnasse.

LA CRITIQUE
DE
L'ÉCOLE DES FEMMES,

[1]

Comédie

Scène PREMIÈRE
URANIE, ÉLISE

URANIE

Quoi ? Cousine, personne ne t'est venu rendre visite ?

ÉLISE

Personne du monde.

URANIE   [A] [2]

Vraiment, voilà qui m'étonne, que nous ayons été seules,
l'une et l'autre, tout aujourd'hui.

ÉLISE

Cela m'étonne aussi, car ce n'est guère notre coutume ;
et votre maison, Dieu merci, est le refuge ordinaire de tous
les fainéants de la cour.

URANIE

L'après-dînée[6], à dire vrai, m'a semblé fort longue.

---

6   C'est-à-dire l'après-midi, puisque le dîner était le repas de midi, notre
     déjeuner.

ÉLISE

Et moi, je l'ai trouvée fort courte.

URANIE   [3]

C'est que les beaux esprits, cousine, aiment la solitude.

ÉLISE

Ah ! très humble servante[7] au bel esprit ; vous savez que ce n'est pas là que je vise.

URANIE

Pour moi, j'aime la compagnie, je l'avoue.

ÉLISE

Je l'aime aussi, mais je l'aime choisie ; et la quantité des sottes visites qu'il vous faut essuyer parmi les autres est cause bien souvent que je prends plaisir d'être seule.

URANIE

La délicatesse est trop gran[A ij] [4]de, de ne pouvoir souffrir que des gens triés.

ÉLISE

Et la complaisance est trop générale, de souffrir indifféremment toutes sortes de personnes.

URANIE

Je goûte ceux qui sont raisonnables, et me divertis des extravagants.

---

7   La formule sert à prendre congé ou, ironiquement, marque le refus. Elle est employée ici de manière amusante pour refuser le bel esprit et non une personne.

ÉLISE

Ma foi, les extravagants ne vont guère loin sans vous
ennuyer, et la plupart de ces gens-là ne sont plus plaisants
dès la seconde visite. Mais, à propos d'extravagants, ne voulez-vous pas me défaire de [5] votre marquis incommode?
pensez-vous me le laisser toujours sur les bras, et que je
puisse durer à ses turlupinades[8] perpétuelles?

URANIE

Ce langage est à la mode, et l'on le tourne en plaisanterie à la cour.

ÉLISE

Tant pis pour ceux qui le font, et qui se tuent tout le jour
à parler ce jargon obscur. La belle chose de faire entrer aux
conversations du Louvre de vieilles équivoques ramassées
parmi les boues des Halles et de la place Maubert! La jolie
façon de plaisanter [A iij] [6] pour des courtisans! et qu'un
homme montre d'esprit lorsqu'il vient vous dire: «Madame,
vous êtes dans la place Royale, et tout le monde vous voit de
trois lieues de Paris, car chacun vous voit de bon œil», à cause
que Boneuil est un village à trois lieues d'ici[9]! Cela n'est-il
pas bien galant[10] et bien spirituel? Et ceux qui trouvent ces
belles rencontres[11] n'ont-ils pas lieu de s'en glorifier?

---

8   Turlupin était «un comédien fameux de Paris, dont le talent était de
     faire rire par de méchantes pointes et équivoques qu'on a appelées
     turlupinades» (FUR.). Ces mauvaises (*méchantes*) pointes et équivoques
     désignaient des calembours et autres jeux de mots plus ou moins rele-
     vés, dignes des bas quartiers, et que certains courtisans imitaient, en
     se jouant. On désignait ces courtisans du nom de *turlupins*.
9   La *place royale* est notre place des Vosges. *Bonneuil-sur-Marne* était alors
     un village de l'Est de Paris, actuellement commune de la banlieue, dans
     le canton de Charenton-le-Pont.
10   *Galant*: distingué, élégant.
11   *Rencontre*: bon mot.

URANIE

On ne dit pas cela aussi comme une chose spirituelle, et la plupart de ceux qui affectent ce langage savent bien [7] eux-mêmes qu'il est ridicule.

ÉLISE

Tant pis encore, de prendre peine à dire des sottises, et d'être mauvais plaisants de dessein formé. Je les en tiens moins excusables ; et si j'en étais juge, je sais bien à quoi je condamnerais tous ces Messieurs les Turlupins.

URANIE

Laissons cette matière qui t'échauffe un peu trop, et disons que Dorante vient bien tard, à mon avis, pour le souper[12] que nous devons faire ensemble.

ÉLISE

Peut-être l'a-t-il oublié, et que…

Scène 2   [A iiij] [8]
GALOPIN, URANIE, ÉLISE

GALOPIN

Voilà Climène, Madame, qui vient ici pour vous voir.

URANIE

Eh, mon Dieu ! quelle visite !

ÉLISE

Vous vous plaigniez d'être seule, aussi : le Ciel vous en punit.

---

12   Le *souper* est le repas du soir.

URANIE

Vite, qu'on aille dire que je n'y suis pas.

GALOPIN   [9]

On a déjà dit que vous y étiez.

URANIE

Et qui est le sot qui l'a dit ?

GALOPIN

Moi, Madame.

URANIE

Diantre soit le petit vilain[13] ! Je vous apprendrai bien
à faire vos réponses de vous-même.

GALOPIN

Je vais lui dire, Madame, que vous voulez être sortie.

URANIE

Arrêtez, animal, et la laissez monter, puisque la sottise
est faite.

GALOPIN   [10]

Elle parle encore à un homme dans la rue.

URANIE

Ah ! cousine, que cette visite m'embarrasse à l'heure
qu'il est !

---

13   Le petit rustre.

ÉLISE

Il est vrai que la dame est un peu embarrassante de son naturel ; j'ai toujours eu pour elle une furieuse[14] aversion ; et, n'en déplaise à sa qualité, c'est la plus sotte bête qui se soit jamais mêlée de raisonner.

URANIE

L'épithète est un peu forte.

ÉLISE

Allez, allez, elle mérite [11] bien cela, et quelque chose de plus, si on lui faisait justice[15]. Est-ce qu'il y a une personne qui soit plus véritablement qu'elle ce qu'on appelle Précieuse, à prendre le mot dans sa plus mauvaise signification[16] ?

URANIE

Elle se défend bien de ce nom, pourtant.

ÉLISE

Il est vrai : elle se défend du nom, mais non pas de la chose. Car enfin, elle l'est depuis les pieds jusqu'à la tête, et la plus grande façonnière[17] du monde. Il semble que tout son corps soit démonté, et que [12] les mouvements de ses hanches, de ses épaules, et de sa tête n'aillent que par ressorts. Elle affecte toujours un ton de voix languissant, et niais, fait la moue, pour montrer une petite bouche, et roule les yeux, pour les faire paraître grands.

---

14 *Furieuse* : adjectif chéri des précieuses… Élise va pourtant critiquer les précieuses.
15 Si on la jugeait exactement.
16 C'est-à-dire de manière péjorative.
17 Une *façonnière* délaisse le naturel au profit de l'affectation, dans tout son comportement.

URANIE

Doucement donc : si elle venait à entendre…

ÉLISE

Point, point, elle ne monte pas encore[18]. Je me souviens toujours du soir qu'elle eut envie de voir Damon, sur la réputation qu'on lui donne, et les choses que le public a [13] vues de lui. Vous connaissez l'homme, et sa naturelle paresse à soutenir la conversation. Elle l'avait invité à souper, comme bel esprit, et jamais il ne parut si sot, parmi une demi-douzaine de gens, à qui elle avait fait fête de lui[19], et qui le regardaient avec de grands yeux, comme une personne qui ne devait pas être faite comme les autres. Ils pensaient tous qu'il était là pour défrayer la compagnie de bons mots[20] ; que chaque parole qui sortait de sa bouche devait être extraordinaire ; qu'il devait faire des *Impromptus*[21] sur tout ce qu'on di[B][14] sait, et ne demander à boire qu'avec une pointe[22]. Mais il les trompa fort par son silence ; et la dame fut aussi mal satisfaite de lui que je le fus d'elle.

URANIE

Tais-toi, je vais la recevoir à la porte de la chambre[23].

---

18   Les deux cousines Uranie et Élise reçoivent dans la salle haute, à l'étage.
19   Qu'elle pensait réjouir par la présence de Damon.
20   Pour fournir la compagnie en bons mots.
21   Il devait faire des *impromptus* : il devait produire sur le champ quelque repartie spirituelle ou quelque bon mot.
22   Une *pointe* est un trait d'esprit, une pensée vive et ingénieuse.
23   *Chambre* a un sens plus large au XVIIe siècle : c'était la pièce, qui contenait généralement un lit, mais où l'on recevait les invités – l'équivalent donc de notre *pièce*.

ÉLISE

Encore un mot. Je voudrais bien la voir mariée avec le marquis dont nous avons parlé. Le bel assemblage que ce serait d'une Précieuse et d'un Turlupin !

URANIE

Veux-tu te taire ? la voici.

Scène 3   [15]

CLIMÈNE, URANIE, ÉLISE, GALOPIN

URANIE

Vraiment, c'est bien tard que…

CLIMÈNE

Eh ! de grâce, ma chère, faites-moi vite donner un siège.

URANIE

Un fauteuil, promptement.

CLIMÈNE

Ah ! mon, Dieu !

URANIE

Qu'est-ce donc ?

CLIMÈNE   [B ij] [16]

Je n'en puis plus.

URANIE

Qu'avez-vous ?

CLIMÈNE

Le cœur me manque.

URANIE

Sont-ce vapeurs qui vous ont prise ?

CLIMÈNE

Non.

URANIE

Voulez-vous que l'on vous délace[24] ?

CLIMÈNE

Mon Dieu, non. Ah !

URANIE

Quel est donc votre mal ? et depuis quand vous a-t-il pris ?

CLIMÈNE   [17]

Il y a plus de trois heures, et je l'ai rapporté du Palais-Royal[25].

URANIE

Comment ?

CLIMÈNE

Je viens de voir, pour mes péchés, cette méchante rhap-sodie[26] de *L'École des femmes*. Je suis encore en défaillance du mal de cœur que cela m'a donné, et je pense que je n'en reviendrai de plus de quinze jours.

_____

24 Que l'on délace les vêtements qui la serrent pour lui permettre de respirer.

25 C'est-à-dire du théâtre du Palais-Royal, où Molière donnait son *École des femmes*... et sa présente *Critique de L'École des femmes*.

26 Une *rapsodie* se contente de rassembler des passages ou des pensées éparses ; « quand on veut mépriser l'ouvrage d'un auteur, on dit que c'est une rapsodie, qu'il n'y a rien de son invention » (FUR.). C'était là un des reproches formulés par les ennemis de Molière.

ÉLISE

Voyez un peu comme les maladies arrivent sans qu'on y songe.

URANIE   [B iij] [18]

Je ne sais pas de quel tempérament nous sommes, ma cousine et moi ; mais nous fûmes avant-hier à la même pièce, et nous en revînmes toutes deux saines et gaillardes.

CLIMÈNE

Quoi ? vous l'avez vue ?

URANIE

Oui, et écoutée d'un bout à l'autre.

CLIMÈNE

Et vous n'en avez pas été jusques aux convulsions, ma chère ?

URANIE

Je ne suis pas si délicate, [19] Dieu merci ; et je trouve, pour moi, que cette comédie serait plutôt capable de guérir les gens que de les rendre malades.

CLIMÈNE

Ah ! mon Dieu, que dites-vous là ! Cette proposition peut-elle être avancée par une personne qui ait du revenu en sens commun[27] ? Peut-on, impunément, comme vous faites, rompre en visière à la raison ? Et dans le vrai de la chose,

---

27 *Avoir du revenu en sens commun* est du jargon précieux, et mêle le concret (le *revenu*) et l'abstrait (le *sens commun*, le bon sens). Et cela continue avec la métaphore *rompre en visière à la raison*, pour « offenser la raison » (à l'origine la *visière* est la partie mobile d'un casque qui protégeait le visage et l'expression *rompre en visière* signifiait « rompre sa lance contre

est-il un esprit si affamé de plaisanterie qu'il puisse tâter des fadaises dont cette comédie est assaisonnée ? Pour moi, je vous avoue que je [B iiij] [20] n'ai pas trouvé le moindre grain de sel[28] dans tout cela. *Les enfants par l'oreille*[29] m'ont paru d'un goût détestable ; la *tarte à la crème*[30] m'a affadi le cœur ; et j'ai pensé vomir au *potage*[31].

ÉLISE

Mon Dieu ! que tout cela est dit élégamment ! J'aurais cru que cette pièce était bonne ; mais Madame a une éloquence si persuasive, elle tourne les choses d'une manière si agréable qu'il faut être de son sentiment, malgré qu'on en ait.

URANIE

Pour moi, je n'ai pas tant de complaisance[32], et pour dire [21] ma pensée, je tiens cette comédie une des plus plaisantes que l'auteur ait produites.

CLIMÈNE

Ah ! vous me faites pitié de parler ainsi ; et je ne saurais vous souffrir cette obscurité de discernement[33]. Peut-on,

---

la visière de l'adversaire ») ; puis avec le tour *affamé de plaisanterie*, avec son identique heurt entre le concret et l'abstrait.

28   *Le grain de sel* est la pointe d'esprit qu'on met dans le langage.

29   *École des femmes*, I, 1, v. 164 et V, 4, v. 1493.

30   *Ibid.*, I, 1, v. 99.

31   *Ibid.*, II, 3, vers 431-439, avec la comparaison d'Alain pour expliquer la jalousie d'Arnolphe.

32   Je n'ai pas la complaisance d'Élise pour l'opinion de Climène et pour son style. Mais c'est le jeu de la conversation et Uranie a parfaitement vu l'ironie de la réplique précédente (tandis que Climène ne voit pas qu'Élise se moque d'elle).

33   Encore ce tic du langage précieux : je ne saurais supporter (*souffrir*) votre discernement obscurci (nom abstrait de qualité + complément de ce nom, au lieu du nom + son adjectif épithète de qualité).

ayant de la vertu, trouver de l'agrément dans une pièce qui tient sans cesse la pudeur en alarme, et salit à tous moments l'imagination ?

ÉLISE

Les jolies façons de parler que voilà ! Que vous êtes, Madame, une rude joueuse en critique ! et que je plains le pauvre Molière de vous [22] avoir pour ennemie !

CLIMÈNE

Croyez-moi, ma chère, corrigez de bonne foi votre jugement, et, pour votre honneur, n'allez point dire par le monde que cette comédie vous ait plu.

URANIE

Moi, je ne sais pas ce que vous y avez trouvé qui blesse la pudeur.

CLIMÈNE

Hélas ! tout ; et je mets en fait[34] qu'une honnête femme ne la saurait voir sans confusion[35], tant j'y ai découvert d'ordures et de saletés.

URANIE   [23]

Il faut donc que, pour les ordures, vous ayez des lumières que les autres n'ont pas ; car pour moi, je n'y en ai point vu.

CLIMÈNE

C'est que vous ne voulez pas y en avoir vu, assurément. Car enfin, toutes ces ordures, Dieu merci, y sont à visage découvert. Elles n'ont point la moindre enveloppe qui les couvre ; et les yeux les plus hardis sont effrayés de leur nudité.

---

34 Je pose comme un fait.
35 Être en *confusion*, c'est avoir honte.

ÉLISE

Ah !

CLIMÈNE   [24]

Hay ! hay ! hay !

URANIE

Mais encore, s'il vous plaît, marquez-moi une de ces ordures que vous dites.

CLIMÈNE

Hélas ! est-il nécessaire de vous les marquer ?

URANIE

Oui ; je vous demande seulement un endroit qui vous ait fort choquée.

CLIMÈNE

En faut-il d'autre que la scène de cette Agnès, lorsqu'elle dit ce que l'on lui a pris[36] ?

URANIE   [25]

Eh bien ! que trouvez-vous là de sale ?

CLIMÈNE

Ah !

URANIE

De grâce !

CLIMÈNE

Fi !

---

36 C'est *École des femmes*, II, 5, qui culmine sur le fameux et équivoque *le* du v. 573.

URANIE

Mais encore ?

CLIMÈNE

Je n'ai rien à vous dire.

URANIE

Pour moi, je n'y entends point de mal.

CLIMÈNE

Tant pis pour vous.

URANIE   [C] [26]

Tant mieux, plutôt, ce me semble. Je regarde les choses du côté qu'on me les montre, et ne les tourne point pour y chercher ce qu'il ne faut pas voir.

CLIMÈNE

L'honnêteté d'une femme…

URANIE

L'honnêteté d'une femme n'est pas dans les grimaces. Il sied mal de vouloir être plus sage que celles qui sont sages. L'affectation en cette matière est pire qu'en toute autre ; et je ne vois rien de si ridicule que cette délicatesse d'honneur qui prend tout en mau[27]vaise part, donne un sens criminel[37] aux plus innocentes paroles, et s'offense de l'ombre des choses. Croyez-moi, celles qui font tant de façons n'en sont pas estimées plus femmes de bien. Au contraire, leur sévérité mystérieuse et leurs grimaces affectées irritent la censure de tout le monde contre les actions de leur vie. On

---

37 Les scrupules excessifs en matière d'honneur (*délicatesse d'honneur*) rendent coupables des paroles innocentes.

est ravi de découvrir ce qu'il y peut avoir à redire ; et pour tomber dans l'exemple[38], il y avait l'autre jour des femmes à cette comédie, vis-à-vis de la loge où nous étions, qui par les mines qu'elles affectèrent du[C ij][28]rant toute la pièce, leurs détournements de tête et leurs cachements de visage, firent dire de tous côtés cent sottises de leur conduite, que l'on n'aurait pas dites sans cela ; et quelqu'un même des laquais cria tout haut qu'elles étaient plus chastes des oreilles que de tout le reste du corps.

CLIMÈNE

Enfin, il faut être aveugle dans cette pièce et ne pas faire semblant d'y voir les choses.

URANIE

Il ne faut pas y vouloir voir ce qui n'y est pas.

CLIMÈNE

Ah ! Je soutiens, encore un [29] coup, que les saletés y crèvent les yeux.

URANIE

Et moi, je ne demeure pas d'accord de cela.

CLIMÈNE

Quoi ? la pudeur n'est pas visiblement blessée par ce que dit Agnès dans l'endroit dont nous parlons ?

URANIE

Non, vraiment. Elle ne dit pas un mot qui, de soi, ne soit fort honnête ; et si vous voulez entendre dessous quelque autre chose, [C iij] [30] c'est vous qui faites l'ordure, et non

---

38 Pour prendre un exemple.

pas elle, puisqu'elle parle seulement d'un ruban qu'on lui a pris.

CLIMÈNE

Ah ! ruban, tant qu'il vous plaira ; mais ce *le*, où elle s'arrête, n'est pas mis pour des prunes. Il vient sur ce *le* d'étranges pensées. Ce *le* scandalise furieusement ; et quoi que vous puissiez dire, vous ne sauriez défendre l'insolence de ce *le*.

ÉLISE

Il est vrai, ma cousine ; je suis pour Madame contre [31] ce *le*. Ce *le* est insolent au dernier point. Et vous avez tort de défendre ce *le*.

CLIMÈNE

Il a une obscénité qui n'est pas supportable.

ÉLISE

Comment dites-vous ce mot-là, Madame[39] ?

CLIMÈNE

Obscénité, Madame.

ÉLISE

Ah ! mon Dieu ! *Obscénité*. Je ne sais ce que ce mot veut dire ; mais je le trouve le plus joli du monde.

CLIMÈNE   [C iiij] [32]

Enfin vous voyez comme votre sang[40] prend mon parti.

---

39   Visiblement, si l'adjectif *obscène* est déjà dans Montaigne, le mot *obscénité* est encore considéré comme un néologisme ; nous en avons ici la première attestation, et Molière en attribue la création à une précieuse !

40   Uranie et Élise, comme cousines, sont de la même famille, du même sang.

URANIE

Eh ! mon Dieu ! c'est une causeuse qui ne dit pas ce qu'elle pense. Ne vous y fiez pas beaucoup, si vous m'en voulez croire[41].

ÉLISE

Ah ! que vous êtes méchante, de me vouloir rendre suspecte à Madame ! Voyez un peu où j'en serais, si elle allait croire ce que vous dites. Serais-je si malheureuse, Madame, que vous eussiez de moi cette pensée ?

CLIMÈNE   [33]

Non, non, je ne m'arrête pas à ses paroles, et je vous crois plus sincère qu'elle ne dit.

ÉLISE

Ah ! que vous avez bien raison, Madame ! et que vous me rendrez justice quand vous croirez que je vous trouve la plus engageante[42] personne du monde, que j'entre dans tous vos sentiments et suis charmée de toutes les expressions qui sortent de votre bouche !

CLIMÈNE

Hélas ! je parle sans affectation.

ÉLISE   [34]

On le voit bien, Madame, et que tout est naturel en vous. Vos paroles, le ton de votre voix, vos regards, vos pas,

---

41   Le jeu continue entre les deux cousines qui se moquent de Climène. Uranie fait mine de dénoncer la duplicité d'Élise mais obtient que Climène voie encore moins qu'Élise se moque d'elle et reste persuadée de la sincérité d'Élise, sans percevoir l'ironie de ses propos.

42   Séduisante, attirante.

votre action et votre ajustement[43] ont je ne sais quel air de qualité qui enchante les gens. Je vous étudie des yeux et des oreilles ; et je suis si remplie de vous que je tâche d'être votre singe, et de vous contrefaire en tout.

CLIMÈNE

Vous vous moquez de moi, Madame.

ÉLISE   [35]

Pardonnez-moi, Madame. Qui voudrait se moquer de vous ?

CLIMÈNE

Je ne suis pas un bon modèle, Madame.

ÉLISE

Oh ! que si, Madame !

CLIMÈNE

Vous me flattez, Madame.

ÉLISE

Point du tout, Madame.

CLIMÈNE

Épargnez-moi, s'il vous plaît, Madame.

ÉLISE

Je vous épargne aussi, Madame ; et je ne dis pas la moitié [36] de ce que je pense[44], Madame.

---

43 Vos attitudes, vos gestes (*votre action*), et vos vêtements (*votre ajustement*).
44 Certes ! Jolie équivoque, car Élise cache l'autre moitié, c'est-à-dire ce qu'elle pense en vérité.

CLIMÈNE

Ah! mon Dieu! brisons là, de grâce : vous me jetteriez dans une confusion épouvantable. (*À Uranie.*) Enfin nous voilà deux contre vous[45], et l'opiniâtreté sied si mal aux personnes spirituelles...

Scène 4   [37]

LE MARQUIS, CLIMÈNE, GALOPIN, URANIE, ÉLISE

GALOPIN

Arrêtez, s'il vous plaît, Monsieur.

LE MARQUIS

Tu ne me connais pas, sans doute[46].

GALOPIN

Si fait, je vous connais ; mais vous n'entrerez pas.

LE MARQUIS

Ah! que de bruit, petit laquais !

GALOPIN   [D] [38]

Cela n'est pas bien de vouloir entrer malgré les gens.

LE MARQUIS

Je veux voir ta maîtresse.

GALOPIN

Elle n'y est pas, vous dis-je.

---

45 *Vous*, c'est Uranie.
46 Il est certain (*sans doute*) que tu ne me reconnais pas (*tu ne me connais pas*).

LE MARQUIS

La voilà dans la chambre.

GALOPIN

Il est vrai, la voilà ; mais elle n'y est pas.

URANIE

Qu'est-ce donc qu'il y a là ?

LE MARQUIS

C'est votre laquais, Madame, qui fait le sot.

GALOPIN

Je lui dis que vous n'y êtes [39] pas, Madame, et il ne veut pas laisser d'entrer[47].

URANIE

Et pourquoi dire à Monsieur que je n'y suis pas ?

GALOPIN

Vous me grondâtes, l'autre jour, de lui avoir dit que vous y étiez.

URANIE

Voyez cet insolent ! Je vous prie, Monsieur, de ne pas croire ce qu'il dit : c'est un petit écervelé, qui vous a pris pour un autre.

LE MARQUIS

Je l'ai bien vu, Madame ; et, sans votre respect, je lui [D ij] [40] aurais appris à connaître les gens de qualité.

---

47   *Ne pas laisser de faire quelque chose* : le faire néanmoins.

ÉLISE

Ma cousine vous est fort obligée de cette déférence.

URANIE

Un siège donc, impertinent[48].

GALOPIN

N'en voilà-t-il pas un ?

URANIE

Approchez-le.
  Le petit laquais pousse le siège rudement.

LE MARQUIS

Votre petit laquais, Madame, a du mépris pour ma personne.

ÉLISE

Il aurait tort, sans doute.

LE MARQUIS   [41]

C'est peut-être que je paye l'intérêt de ma mauvaise mine : hay, hay, hay, hay !

ÉLISE

L'âge le rendra plus éclairé en honnêtes gens[49].

LE MARQUIS

Sur quoi en étiez-vous, Mesdames, lorsque je vous ai interrompues ?

_____

48 *Impertinent* : sot, qui agit mal à propos.
49 Plus averti (*éclairé*) en ce qui concerne les honnêtes gens.

URANIE

Sur la comédie de *L'École des femmes*.

LE MARQUIS

Je ne fais que d'en sortir.

CLIMÈNE

Eh bien ! Monsieur, com[D iij][42]ment la trouvez-vous, s'il vous plaît ?

LE MARQUIS

Tout à fait impertinente[50].

CLIMÈNE

Ah ! que j'en suis ravie !

LE MARQUIS

C'est la plus méchante[51] chose du monde. Comment, diable ! à peine ai-je pu trouver place. J'ai pensé[52] être étouffé à la porte ; et jamais on ne m'a tant marché sur les pieds. Voyez comme mes canons et mes rubans en sont ajustés[53], de grâce.

ÉLISE

Il est vrai que cela crie vengeance contre *L'École des* [43] *femmes*, et que vous la condamnez avec justice.

LE MARQUIS

Il ne s'est jamais fait, je pense, une si méchante comédie.

---

50   Sotte, ridicule, extravagante.
51   *Méchant* : mauvais.
52   J'ai failli.
53   Dentelles des genoux (les fameux *canons*) et rubans ont été malmenés (*ajustés*).

URANIE
Ah! voici Dorante que nous attendions.

Scène 5   [44]
DORANTE, LE MARQUIS, CLIMÈNE,
ÉLISE, URANIE

DORANTE
Ne bougez, de grâce, et n'interrompez point votre discours. Vous êtes là sur une matière qui depuis quatre jours
fait presque l'entretien de toutes les maisons de Paris; et
jamais on n'a rien vu de si plaisant que la diversité des jugements qui se font là-dessus. Car enfin, j'ai ouï condamner
cette comé[45]die à certaines gens, par les mêmes choses
que j'ai vu d'autres estimer le plus.

URANIE
Voilà Monsieur le Marquis, qui en dit force mal.

LE MARQUIS
Il est vrai, je la trouve détestable[54], morbleu! détestable
du dernier détestable, ce qu'on appelle détestable.

DORANTE
Et moi, mon cher Marquis, je trouve le jugement
détestable.

LE MARQUIS
Quoi! Chevalier, est-ce que tu prétends soutenir cette
pièce?

---

54 *Détestable* : qui provoque l'horreur (sens fort).

DORANTE   [46]

Oui, je prétends la soutenir.

LE MARQUIS

Parbleu ! je la garantis détestable.

DORANTE

La caution n'est pas bourgeoise[55]. Mais, Marquis, par quelle raison, de grâce, cette comédie est-elle ce que tu dis ?

LE MARQUIS

Pourquoi elle est détestable ?

DORANTE

Oui.

LE MARQUIS

Elle est détestable, parce qu'elle est détestable.

DORANTE   [47]

Après cela, il n'y a plus rien à dire ; voilà son procès fait. Mais encore, instruis-nous et nous dis les défauts qui y sont.

LE MARQUIS

Que sais-je, moi ? je ne me suis pas seulement donné la peine de l'écouter. Mais enfin, je sais bien que je n'ai jamais rien vu de si méchant, Dieu me damne ! Et Dorilas, contre qui[56] j'étais, a été de mon avis.

DORANTE

L'autorité est belle, et te voilà bien appuyé !

---

55 *Caution bourgeoise* : honnête garantie.
56 Dans le voisinage de qui, à côté de qui.

LE MARQUIS   [48]

Il ne faut que voir les continuels éclats de rire que le parterre y fait. Je ne veux point d'autre chose pour témoigner qu'elle ne vaut rien.

DORANTE

Tu es donc, Marquis, de ces Messieurs du bel air, qui ne veulent pas que le parterre ait du sens commun, et qui seraient fâchés d'avoir ri avec lui, fût-ce de la meilleure chose du monde ? Je vis l'autre jour sur le théâtre[57] un de nos amis qui se rendit ridicule par là. Il écouta toute [49] la pièce avec un sérieux le plus sombre du monde ; et tout ce qui égayait les autres ridait son front. À tous les éclats de risée[58], il haussait les épaules et regardait le parterre en pitié ; et quelquefois aussi le regardant avec dépit[59], il lui disait tout haut : « Ris donc, parterre, ris donc ! » Ce fut une seconde comédie que le chagrin[60] de notre ami. Il la donna en galant homme à toute l'assemblée ; et chacun demeura d'accord qu'on ne pouvait pas mieux jouer qu'il fit. Apprends, Marquis, je te prie, et les autres aussi, que le bon sens n'a point de [E] [50] place déterminée à la comédie[61] ; que la différence du demi-louis d'or et de la pièce de quinze sols ne fait rien du tout au bon goût ; que debout et assis on peut donner un mauvais jugement ; et qu'enfin, à le prendre en général, je me fierais assez à l'approbation du

---

57 C'est-à-dire installé sur la scène, à une de ces places occupées par de riches et arrogants spectateurs (ce sont les places assises les plus chères (*le demi-louis d'or*), alors que le gros du public est debout au parterre, où le prix d'entrée (*la pièce de quinze sols*) est le meilleur marché), plus occupés à se donner en spectacle qu'à écouter les acteurs, qu'ils gênaient.

58 À tous les éclats de rire.

59 *Dépit* : ressentiment, irroration violente.

60 *Chagrin* : irritation, accès de colère.

61 Au théâtre.

parterre, par la raison qu'entre ceux qui le composent, il y en a plusieurs qui sont capables de juger d'une pièce selon les règles, et que les autres en jugent par la bonne façon d'en juger, qui est de se laisser prendre aux choses, et de n'avoir ni prévention [51] aveugle, ni complaisance affectée, ni délicatesse ridicule.

LE MARQUIS

Te voilà donc, Chevalier, le défenseur du parterre ? Parbleu ! je m'en réjouis, et je ne manquerai pas de l'avertir que tu es de ses amis. Hay, hay, hay, hay, hay, hay !

DORANTE

Ris tant que tu voudras ; je suis pour le bon sens, et ne saurais souffrir les ébul[E ij][52]litions de cerveau de nos marquis de Mascarille[62]. J'enrage de voir de ces gens qui se traduisent[63] en ridicules, malgré leur qualité ; de ces gens qui décident toujours et parlent hardiment de toutes choses, sans s'y connaître ; qui, dans une comédie[64], se récrieront aux méchants endroits, et ne branleront[65] pas à ceux qui sont bons ; qui, voyant un tableau, ou écoutant un concert de musique, blâment de même, et louent tout à contresens, prennent par où ils peuvent les termes de l'art qu'ils attrapent, et ne manquent jamais de les [53] estropier et de les mettre hors de place. Eh ! morbleu, Messieurs, taisez-vous, quand Dieu ne vous a pas donné la connaissance d'une chose ; n'apprêtez point à rire à ceux qui

---

62   Manière de rabaisser et de ridiculiser les marquis ridicules en les traitant de « marquis de Mascarille » et donc en les assimilant au Mascarille des *Précieuses ridicules*, qui n'était autre qu'un valet déguisé.

63   *Se traduire* : se produire, se montrer.

64   Dans une pièce de théâtre.

65   *Branler* : réagir, se mettre en mouvement (ici pour montrer l'approbation et le plaisir aux beaux passages).

vous entendent parler ; et songez qu'en ne disant mot[66], on croira, peut-être, que vous êtes d'habiles gens.

LE MARQUIS

Parbleu ! Chevalier, tu le prends là...

DORANTE

Mon Dieu, Marquis, ce n'est [E iij] [54] pas à toi que je parle. C'est à une douzaine de Messieurs qui déshonorent les gens de cour par leurs manières extravagantes, et font croire parmi le peuple que nous nous ressemblons tous. Pour moi, je m'en veux justifier[67], le plus qu'il me sera possible ; et je les dauberai tant, en toutes rencontres[68], qu'à la fin ils se rendront sages.

LE MARQUIS

Dis-moi un peu, Chevalier, crois-tu que Lysandre ait de l'esprit ?

DORANTE

Oui, sans doute[69], et beaucoup.

URANIE   [55]

C'est une chose qu'on ne peut pas nier.

LE MARQUIS

Demandez-lui ce qui lui semble de *L'École des femmes* : vous verrez qu'il vous dira qu'elle ne lui plaît pas.

---

66 Si vous ne dites rien.
67 Je veux me distinguer de ces ridicules et montrer aux gens que nous autres gens de cour nous ne nous ressemblons pas tous.
68 Je les attaquerai, les dénigrerai et les raillerai (*je les dauberai*) en toute circonstance, en toute occasion (*en toutes rencontres*).
69 Assurément.

DORANTE

Eh, mon Dieu ! Il y en a beaucoup que le trop d'esprit gâte, qui voient mal les choses à force de lumière[70], et même qui seraient bien fâchés d'être de l'avis des [E iiij] [56] autres, pour avoir la gloire de décider[71].

URANIE

Il est vrai ; notre ami est de ces gens-là, sans doute. Il veut être le premier de son opinion, et qu'on attende par respect son jugement. Toute approbation qui marche avant la sienne est un attentat sur ses lumières, dont il se venge hautement en prenant le contraire parti. Il veut qu'on le consulte sur toutes les affaires d'esprit ; et je suis sûre que, si l'auteur lui eût montré sa comédie avant que de la faire voir au [57] public, il l'eût trouvée la plus belle du monde.

LE MARQUIS

Et que direz-vous de la marquise Araminte, qui la publie partout pour épouvantable[72], et dit qu'elle n'a pu jamais souffrir les ordures dont elle est pleine ?

DORANTE

Je dirai que cela est digne du caractère qu'elle a pris ; et qu'il y a des personnes qui se rendent ridicules pour vouloir avoir trop d'honneur. Bien qu'elle ait de l'esprit, elle a suivi le mauvais exem[58]ple de celles qui, étant sur le retour de l'âge, veulent remplacer de quelque chose ce qu'elles voient qu'elles perdent, et prétendent que les grimaces d'une pruderie scrupuleuse leur tiendront lieu de jeunesse et de beauté. Celle-ci pousse l'affaire plus avant

---

70   Pénétration, intelligence.
71   La gloire de décider et d'imposer leur jugement.
72   Qui publie partout qu'elle est épouvantable.

qu'aucune, et l'habileté de son scrupule[73] découvre des saletés où jamais personne n'en avait vu. On tient qu'il va, ce scrupule, jusques à défigurer notre langue, et qu'il n'y a point presque de mots dont la sévérité de cette dame ne veuille retrancher ou la tête ou la queue, [59] pour les syllabes déshonnêtes[74] qu'elle y trouve.

URANIE

Vous êtes bien fou, Chevalier.

LE MARQUIS

Enfin, Chevalier, tu crois défendre ta comédie en faisant la satire de ceux qui la condamnent.

DORANTE

Non pas ; mais je tiens que cette dame se scandalise à tort...

ÉLISE

Tout beau, Monsieur le Chevalier : il pourrait y en avoir d'autres qu'elle qui [60] seraient dans les mêmes sentiments.

DORANTE

Je sais bien que ce n'est pas vous, au moins ; et que lorsque vous avez vu cette représentation...

ÉLISE

Il est vrai, mais j'ai changé d'avis ; et Madame sait appuyer le sien par des raisons si convaincantes, qu'elle m'a entraînée de son côté.

---

73   Elle est tellement pointilleuse et habile à découvrir des saletés qui choqueraient sa pruderie si délicate.

74   Ces syllabes déshonnêtes ou sales (comme « con », « cul », « vit ») que la Philaminte des *Femmes savantes* (III, 2, vers 913-914) voudra elle aussi retrancher des mots.

DORANTE

Ah ! Madame, je vous demande pardon ; et si vous le voulez, je me dédirai, pour [61] l'amour de vous, de tout ce que j'ai dit.

CLIMÈNE

Je ne veux pas que ce soit pour l'amour de moi, mais pour l'amour de la raison ; car enfin cette pièce, à le bien prendre, est tout à fait indéfendable ; et je ne conçois pas...

URANIE

Ah ! voici l'auteur, Monsieur Lysidas[75]. Il vient tout à propos pour cette matière. Monsieur Lysidas, prenez un siège vous-même, et vous mettez là.

Scène 6   [F] [62]
LYSIDAS, DORANTE, LE MARQUIS,
ÉLISE, URANIE, CLIMÈNE

LYSIDAS

Madame, je viens un peu tard, mais il m'a fallu lire ma pièce chez Madame la Marquise, dont je vous avais parlé ; et les louanges qui lui ont été données m'ont retenu une heure plus que je ne croyais.

ÉLISE

C'est un grand charme que [63] les louanges pour arrêter un auteur.

---

75   Est-ce de Thomas Corneille que Molière veut se moquer à travers Lysidas ? Georges Couton le pense. Bien d'autres clés seraient possibles...

URANIE

Asseyez-vous donc, Monsieur Lysidas ; nous lirons votre pièce après souper.

LYSIDAS

Tous ceux qui étaient là doivent venir à sa première représentation, et m'ont promis de faire leur devoir comme il faut[76].

URANIE

Je le crois. Mais encore une fois, asseyez-vous, s'il vous plaît. Nous sommes ici sur une matière que je serai bien aise que nous poussions.

LYSIDAS

Je pense, Madame, que vous [F ij] [64] retiendrez aussi une loge pour ce jour-là.

URANIE

Nous verrons. Poursuivons, de grâce, notre discours.

LYSIDAS

Je vous donne avis, Madame, qu'elles sont presque toutes retenues.

URANIE

Voilà qui est bien. Enfin, j'avais besoin de vous, lorsque vous êtes venu, et tout le monde était ici contre moi.

---

76 Après avoir lu sa pièce dans les salons, le dramaturge espère avoir ainsi amorcé l'intérêt, et que ses premiers auditeurs viendront l'applaudir au théâtre.

ÉLISE[77]

Il s'est mis d'abord de votre côté, mais maintenant qu'il sait que Madame est à la tête du parti contraire, [65] je pense que vous n'avez qu'à chercher un autre secours.

CLIMÈNE

Non, non, je ne voudrais pas qu'il fît mal sa cour auprès de Madame votre cousine, et je permets à son esprit d'être du parti de son cœur.

DORANTE

Avec cette permission, Madame, je prendrai la hardiesse de me défendre.

URANIE

Mais, auparavant, sachons un peu les sentiments de Monsieur Lysidas.

LYSIDAS

Sur quoi, Madame ?

URANIE   [F iij] [66]

Sur le sujet de *L'École des femmes*.

LYSIDAS

Ha, ha.

DORANTE

Que vous en semble ?

---

77   Élise s'adresse à Uranie et montre Dorante : *Il* est Dorante, *votre côté* est celui d'Uranie et *Madame* est Climène.

LYSIDAS

Je n'ai rien à dire là-dessus ; et vous savez qu'entre nous autres auteurs, nous devons parler des ouvrages les uns des autres avec beaucoup de circonspection.

DORANTE

Mais encore, entre nous, que pensez-vous de cette comédie ?

LYSIDAS

Moi, Monsieur ?

URANIE   [67]

De bonne foi, dites-nous votre avis.

LYSIDAS

Je la trouve fort belle.

DORANTE

Assurément ?

LYSIDAS

Assurément ; pourquoi non ? N'est-elle pas en effet la plus belle du monde ?

DORANTE

Hom, hom, vous êtes un méchant diable, Monsieur Lysidas ; vous ne dites pas ce que vous pensez.

LYSIDAS

Pardonnez-moi.

DORANTE

Mon Dieu, je vous con[68]nais ; ne dissimulons point.

LYSIDAS

Moi, Monsieur ?

DORANTE

Je vois bien que le bien que vous dites de cette pièce n'est que par honnêteté[78] ; et que, dans le fond du cœur, vous êtes de l'avis de beaucoup de gens, qui la trouvent mauvaise.

LYSIDAS

Hay, hay, hay !

DORANTE

Avouez, ma foi, que c'est une méchante chose que cette comédie.

LYSIDAS

Il est vrai qu'elle n'est pas approuvée par les connaisseurs.

LE MARQUIS   [69]

Ma foi, Chevalier, tu en tiens[79], et te voilà payé de ta raillerie, ah, ah, ah, ah, ah !

DORANTE

Pousse, mon cher Marquis, pousse.

LE MARQUIS

Tu vois que nous avons les savants de notre côté.

DORANTE

Il est vrai, le jugement de Monsieur Lysidas est quelque chose de considérable ; mais Monsieur Lysidas veut bien que je ne me rende pas pour cela. Et puisque j'ai bien l'audace

---

78 *Honnêteté* : politesse.
79 *En tenir* : être dupe.

de me défendre contre les sentiments de Madame, [70] il ne trouvera pas mauvais que je combatte les siens.

ÉLISE

Quoi ? Vous voyez contre vous Madame, Monsieur le Marquis et Monsieur Lysidas, et vous osez résister encore ? Fi ! que cela est de mauvaise grâce !

CLIMÈNE

Voilà qui me confond, pour moi, que des personnes raisonnables se puissent mettre en tête de donner protection aux sottises de cette pièce !

LE MARQUIS

Dieu me damne, Madame, elle est misérable depuis le commencement jusqu'à la fin.

DORANTE   [71]

Cela est bientôt dit, Marquis. Il n'est rien plus aisé que de trancher ainsi, et je ne vois aucune chose qui puisse être à couvert de la souveraineté de tes décisions.

LA MARQUIS

Parbleu ! tous les autres comédiens qui étaient là pour la voir en ont dit tous les maux du monde.

DORANTE

Ah ! je ne dis plus mot, tu as raison, Marquis ; puisque les autres comédiens en disent du mal, il faut les en croire assurément. Ce sont tous gens éclairés, et qui parlent sans [72] intérêt ; il n'y a plus rien à dire, je me rends.

CLIMÈNE

Rendez-vous ou ne vous rendez pas, je sais fort bien que vous ne me persuaderez point de souffrir les immodesties de cette pièce ; non plus que les satires désobligeantes qu'on y voit contre les femmes.

URANIE

Pour moi, je me garderai bien de m'en offenser et de prendre rien sur mon compte de tout ce qui s'y dit. Ces sortes de satires tombent directement sur les mœurs, et ne frappent les personnes que par réflexion[80]. N'allons point [73] nous appliquer nous-mêmes les traits d'une censure générale ; et profitons de la leçon, si nous pouvons, sans faire semblant qu'on parle à nous. Toutes les peintures ridicules qu'on expose sur les théâtres doivent être regardées sans chagrin[81] de tout le monde. Ce sont miroirs publics où il ne faut jamais témoigner qu'on se voie ; et c'est se taxer hautement d'un défaut que se scandaliser qu'on le reprenne.

CLIMÈNE

Pour moi, je ne parle pas de ces choses par la part que j'y puisse avoir ; et je pense que je vis d'un air dans le monde [G] [74] à ne pas craindre d'être cherchée dans les peintures qu'on fait là des femmes qui se gouvernent mal.

ÉLISE

Assurément, Madame, on ne vous y cherchera point. Votre conduite est assez connue ; et ce sont de ces sortes de choses qui ne sont contestées de personne.

---

80   Par ricochet.
81   Voir la n. 60.

URANIE

Aussi, Madame, n'ai-je rien dit qui aille à vous ; et mes paroles, comme les satires de la comédie, demeurent dans la thèse générale.

CLIMÈNE

Je n'en doute pas, Madame. [75] Mais enfin passons sur ce chapitre. Je ne sais pas de quelle façon vous recevez les injures qu'on dit à notre sexe dans un certain endroit de la pièce ; et pour moi, je vous avoue que je suis dans une colère épouvantable de voir que cet auteur impertinent nous appelle *des animaux*[82].

URANIE

Ne voyez-vous pas que c'est un ridicule qu'il fait parler ?

DORANTE

Et puis, Madame, ne savez-vous pas que les injures des amants n'offensent jamais ? qu'il est des amours emportés aussi [G ij] [76] bien que des doucereux ? et qu'en de pareilles occasions les paroles les plus étranges[83], et quelque chose de pis encore, se prennent bien souvent pour des marques d'affection par celles mêmes qui les reçoivent ?

ÉLISE

Dites tout ce que vous voudrez, je ne saurais digérer cela, non plus que le *potage* et la *tarte à la crème,* dont Madame a parlé tantôt.

---

82 *École des femmes*, V, 4, v. 1579.
83 Extraordinaires, scandaleuses.

LE MARQUIS

Ah ! ma foi, oui, *tarte à la crème* ! Voilà ce que j'avais remarqué tantôt : *tarte à la crème !* Que je vous suis obligé, Madame, de m'avoir fait sou[77]venir de *tarte à la crème !* Y a-t-il assez de pommes[84] en Normandie pour *tarte à la crème ? Tarte à la crème*, morbleu ! *Tarte à la crème* !

DORANTE

Eh bien ! que veux-tu dire, *tarte à la crème* ?

LE MARQUIS

Parbleu ! *tarte à la crème*, Chevalier.

DORANTE.

Mais encore ?

LE MARQUIS

Tarte à la crème !

DORANTE

Dis-nous un peu tes raisons.

LE MARQUIS

Tarte à la crème !

URANIE   [G iij] [78]

Mais il faut expliquer sa pensée, ce me semble.

LE MARQUIS

Tarte à la crème, Madame !

---

84 On rappelle que des pommes cuites étaient vendues aux spectateurs, qui pouvaient s'en servir à l'occasion contre les comédiens !

URANIE

Que trouvez-vous là à redire ?

LE MARQUIS

Moi, rien. *Tarte à la crème !*

URANIE

Ah ! je le quitte[85].

ÉLISE

Monsieur le Marquis s'y prend bien, et vous bourre[86] de la belle manière. Mais je voudrais bien que Monsieur Lysidas voulût les achever, et leur donner quelques petits coups de sa façon.

LYSIDAS   [79]

Ce n'est pas ma coutume de rien blâmer, et je suis assez indulgent pour les ouvrages des autres. Mais enfin, sans choquer l'amitié que Monsieur le Chevalier témoigne pour l'auteur, on m'avouera que ces sortes de comédies ne sont pas proprement des comédies[87], et qu'il y a une grande différence de toutes ces bagatelles à la beauté des pièces sérieuses. Cependant tout le monde donne là-dedans aujourd'hui : on ne court plus qu'à cela ; et l'on voit une solitude effroyable aux grands ouvrages, lorsque des sottises ont tout Paris. Je [G iiij] [80] vous avoue que le cœur m'en saigne quelquefois, et cela est honteux pour la France.

---

85 Je renonce, j'abandonne la discussion.

86 *Bourrer* : attaquer, malmener.

87 Il semble bien que Lysidas emploie le mot *comédie* dans ses deux sens (« pièce de théâtre » et « pièce de théâtre comique »), car pour lui une comédie comme *L'École des femmes* n'est qu'une *bagatelle* et seule mérite d'être appelée pièce de théâtre une *pièce sérieuse*, c'est-à-dire une tragédie.

CLIMÈNE

Il est vrai que le goût des gens est étrangement[88] gâté
là-dessus, et que le siècle s'encanaille[89] furieusement.

ÉLISE

Celui-là est joli encore : *s'encanaille*. Est-ce vous qui
l'avez inventé, Madame ?

CLIMÈNE

Hé !

ÉLISE

Je m'en suis bien doutée.

DORANTE

Vous croyez donc, Monsieur Lysidas, que tout l'esprit
[81] et toute la beauté sont dans les poèmes sérieux, et
que les pièces comiques sont des niaiseries qui ne méritent
aucune louange ?

URANIE

Ce n'est pas mon sentiment, pour moi. La tragédie,
sans doute, est quelque chose de beau quand elle est bien
touchée[90] ; mais la comédie a ses charmes, et je tiens que
l'une n'est pas moins difficile à faire que l'autre.

DORANTE

Assurément, Madame, et quand pour la difficulté vous
mettriez un plus du côté de la comédie, peut-être que [82]

---

88 Extraordinairement.
89 Le mot apparaît pour la première fois, semble-t-il, dans le *Dictionnaire
     des précieuses* de Somaize, en 1661. Flanqué ici de « furieusement », il est
     particulièrement précieux !
90 Traitée.

vous ne vous abuseriez pas. Car enfin, je trouve qu'il est bien plus aisé de se guinder sur de grands sentiments, de braver en vers la Fortune, accuser les destins, et dire des injures aux dieux, que d'entrer comme il faut dans le ridicule des hommes, et de rendre agréablement sur le théâtre les défauts de tout le monde. Lorsque vous peignez des héros, vous faites ce que vous voulez ; ce sont des portraits à plaisir, où l'on ne cherche point de ressemblance ; et vous n'avez qu'à suivre les traits d'une imagination qui se donne l'essor, et qui souvent laisse le vrai pour at[83]traper le merveilleux. Mais lorsque vous peignez les hommes, il faut peindre d'après nature. On veut que ces portraits ressemblent ; et vous n'avez rien fait si vous n'y faites reconnaître les gens de votre siècle. En un mot, dans les pièces sérieuses, il suffit, pour n'être point blâmé, de dire des choses qui soient de bon sens, et bien écrites. Mais ce n'est pas assez dans les autres ; il y faut plaisanter ; et c'est une étrange[91] entreprise que celle de faire rire les honnêtes gens.

CLIMÈNE

Je crois être du nombre des honnêtes gens, et cependant [84] je n'ai pas trouvé le mot pour rire dans tout ce que j'ai vu.

LE MARQUIS

Ma foi, ni moi non plus.

DORANTE

Pour toi, Marquis, je ne m'en étonne pas. C'est que tu n'y as point trouvé de turlupinades.

---

91 Singulière, qui sort de l'ordinaire.

LYSIDAS

Ma foi, Monsieur, ce qu'on y rencontre ne vaut guère mieux, et toutes les plaisanteries y sont assez froides, à mon avis.

DORANTE

La cour n'a pas trouvé cela.

LYSIDAS

Ah ! Monsieur, la cour !

DORANTE   [85]

Achevez, Monsieur Lysidas. Je vois bien que vous voulez dire que la cour ne se connaît pas à ces choses ; et c'est le refuge ordinaire de vous autres, Messieurs les auteurs, dans le mauvais succès de vos ouvrages, que d'accuser l'injustice du siècle, et le peu de lumière des courtisans. Sachez, s'il vous plaît, Monsieur Lysidas, que les courtisans ont d'aussi bons yeux que d'autres ; qu'on peut être habile avec un point de Venise et des plumes[92], aussi bien qu'avec une perruque courte et un petit rabat uni[93] ; que la grande épreuve de toutes vos [H] [86] comédies[94], c'est le jugement de la cour ; que c'est son goût qu'il faut étudier pour trouver l'art de réussir ; qu'il n'y a point de lieu où les décisions soient si justes ; et sans mettre en ligne de compte tous les gens savants qui y sont, que du simple bon sens naturel et du commerce[95] de tout le beau monde, on s'y fait une manière d'esprit qui, sans comparaison, juge plus finement des choses que tout le savoir enrouillé[96] des pédants.

---

92 Tissu et ornements coûteux.
93 La *perruque courte* et le *petit rabat* sont le fait des simples bourgeois… et probablement de Lysidas, l'auteur pédant.
94 Toutes vos pièces de théâtre.
95 *Commerce* : fréquentation.
96 Qui est devenu rouillé.

URANIE

Il est vrai que, pour peu qu'on y demeure, il vous passe là tous les jours assez de choses [87] devant les yeux pour acquérir quelque habitude de les connaître, et surtout pour ce qui est de la bonne et mauvaise plaisanterie.

DORANTE

La cour a quelques ridicules, j'en demeure d'accord ; et je suis, comme on voit, le premier à les fronder[97]. Mais, ma foi, il y en a un grand nombre parmi les beaux esprits de profession ; et si l'on joue[98] quelques marquis, je trouve qu'il y a bien plus de quoi jouer les auteurs, et que ce serait une chose plaisante à mettre sur le théâtre que leurs grimaces savantes et leurs raffinements [H ij] [88] ridicules, leur vicieuse coutume d'assassiner les gens de leurs ouvrages, leur friandise[99] de louanges, leurs ménagements de pensées[100], leur trafic de réputation, et leurs ligues offensives et défensives, aussi bien que leurs guerres d'esprit et leurs combats de prose et de vers.

LYSIDAS

Molière est bien heureux, Monsieur, d'avoir un protecteur aussi chaud que vous. Mais enfin, pour venir au fait, il est question de savoir si sa pièce est bonne, et je m'offre d'y montrer partout cent défauts visibles.

---

97 *Fronder* : critiquer.
98 *Jouer* : se moquer.
99 *Friandise* : gourmandise, goût raffiné (ici, au figuré, pour le goût des louanges).
100 La note de l'édition de Georges Couton me paraît la meilleure : « Les *ménagements de pensée* sont les attentions pour le confrère utile ; ménagements qui ne sont qu'apparences, *de pensée* ». – Dorante donne là un cruel tableau de l'hypocrisie, de la vanité, des manœuvres, brigues, cabales et autres polémiques des gens de lettres, comme nous dirions !

URANIE   [89]

C'est une étrange chose de vous autres, Messieurs les poètes, que vous condamniez toujours les pièces où tout le monde court, et ne disiez jamais du bien que de celles où personne ne va. Vous montrez pour les unes une haine invincible, et pour les autres une tendresse qui n'est pas concevable.

DORANTE

C'est qu'il est généreux de se ranger du côté des affligés.

URANIE

Mais de grâce, Monsieur Lysidas, faites-nous voir ces défauts, dont je ne me suis point aperçue.

LYSIDAS   [H iij] [90]

Ceux qui possèdent Aristote et Horace voient d'abord, Madame, que cette comédie pèche contre toutes les règles de l'art.

URANIE

Je vous avoue que je n'ai aucune habitude avec ces Messieurs-là, et que je ne sais point les règles de l'art.

DORANTE

Vous êtes de plaisantes gens avec vos règles dont vous embarrassez les ignorants et nous étourdissez tous les jours. Il semble, à vous ouïr parler, que ces règles de l'art soient les plus grands mystères du mon[91]de ; et cependant ce ne sont que quelques observations aisées que le bon sens a faites sur ce qui peut ôter le plaisir que l'on prend à ces sortes de poèmes ; et le même bon sens qui a fait autrefois ces observations les fait aisément tous les jours, sans le secours d'Horace et d'Aristote. Je voudrais bien savoir si la grande règle de toutes les règles n'est pas de plaire; et si une pièce de théâtre qui a attrapé son but n'a pas suivi un bon chemin. Veut-on que tout un public s'abuse sur ces sortes de choses[101], et que chacun n'y soit pas juge du plaisir qu'il y prend?

URANIE   [H iiij] [92]

J'ai remarqué une chose de ces Messieurs-là : c'est que ceux qui parlent le plus des règles, et qui les savent mieux que les autres font des comédies[102] que personne ne trouve belles.

DORANTE

Et c'est ce qui marque, Madame, comme on doit s'arrêter peu à leurs disputes embarrassées. Car enfin, si les pièces qui sont selon les règles ne plaisent pas, et que celles qui plaisent ne soient pas selon les règles, il faudrait de nécessité que les règles eussent été mal faites. Moquons-nous donc de cette chicane où ils veulent assujettir [93] le goût du public, et ne consultons dans une comédie que l'effet qu'elle fait sur nous. Laissons-nous aller de bonne foi aux choses qui nous prennent par les entrailles, et ne cherchons point de raisonnements pour nous empêcher d'avoir du plaisir.

URANIE

Pour moi, quand je vois une comédie, je regarde seulement si les choses me touchent; et lorsque je m'y suis bien divertie, je ne vais point demander si j'ai eu tort, et si les règles d'Aristote me défendaient de rire.

---

101 Veut-on que le public se trompe (*s'abuse*) et s'embarrasse avec ces règles, au lieu de juger par lui-même de son plaisir?
102 Pièces de théâtre, toujours.

DORANTE   [94]

C'est justement comme un homme qui aurait trouvé une sauce excellente, et qui voudrait examiner si elle est bonne sur les préceptes du *Cuisinier français*[103].

URANIE

Il est vrai ; et j'admire les raffinements de certaines gens sur des choses que nous devons sentir par nous-mêmes.

DORANTE

Vous avez raison, Madame, de les trouver étranges[104], tous ces raffinements mystérieux. Car enfin, s'ils ont lieu, nous voilà réduits à ne nous plus croire ; nos propres sens seront esclaves [95] en toutes choses, et jusques au manger et au boire, nous n'oserons plus trouver rien de bon, sans le congé de Messieurs les experts.

LYSIDAS

Enfin, Monsieur, toute votre raison, c'est que *L'École des femmes* a plu ; et vous ne vous souciez point qu'elle ne soit pas dans les règles, pourvu...

DORANTE

Tout beau, Monsieur Lysidas, je ne vous accorde pas cela. Je dis bien que le grand art est de plaire, et que cette comédie ayant plu à ceux pour qui [96] elle est faite, je trouve que c'est assez pour elle et qu'elle doit peu se soucier du reste. Mais avec cela, je soutiens qu'elle ne pèche contre aucune des règles dont vous parlez. Je les ai lues, Dieu merci, autant qu'un autre, et je ferais voir aisément que peut-être n'avons-nous point de pièce au théâtre plus régulière que celle-là.

---

103 Célèbre manuel de cuisine du XVIIe siècle.
104 Voir la n. 91.

ÉLISE

Courage, Monsieur Lysidas ! nous sommes perdus si vous reculez.

LYSIDAS

Quoi ? Monsieur, la protase, l'épitase et la péripétie[105]... ?

DORANTE   [97]

Ah ! Monsieur Lysidas, vous nous assommez avec vos grands mots. Ne paraissez point si savant, de grâce ; humanisez votre discours et parlez pour être entendu. Pensez-vous qu'un nom grec donne plus de poids à vos raisons ? Et ne trouveriez-vous pas qu'il fût aussi beau de dire l'exposition du sujet que la protase, le nœud que l'épitase et le dénouement que la péripétie ?

LYSIDAS

Ce sont termes de l'art dont il est permis de se servir. Mais puisque ces mots blessent vos oreilles, je m'expliquerai d'une [I] [98] autre façon, et je vous prie de répondre positivement à trois ou quatre choses que je vais dire. Peut-on souffrir une pièce qui pèche contre le nom propre des pièces de théâtre ? Car enfin, le nom de poème dramatique vient d'un mot grec qui signifie « agir », pour montrer que la nature de ce poème consiste dans l'action ; et dans cette comédie-ci il ne se passe point d'actions, et tout consiste en des récits que vient faire ou Agnès ou Horace.

---

105 Tous termes savants, mais techniques, de la dramaturgie, d'ailleurs employés couramment par les plus grands dramaturges, comme Corneille, dans leurs écrits théoriques. *La protase* est la partie du poème dramatique qui contient l'exposition, *l'épitase* celle qui contient la suite, à savoir le nœud, la *péripétie* celle où arrive un événement imprévu qui amène le dénouement. Dorante va d'ailleurs immédiatement traduire ces termes savants.

LE MARQUIS

Ah ! ah ! Chevalier.

CLIMÈNE

Voilà qui est spirituellement [99] remarqué, et c'est
prendre le fin des choses.

LYSIDAS

Est-il rien de si peu spirituel, ou pour mieux dire, rien
de si bas que quelques mots où tout le monde rit, et surtout
celui des *enfants par l'oreille* ?

CLIMÈNE

Fort bien.

ÉLISE

Ah !

LYSIDAS

La scène du valet et de la servante au-dedans de la
maison n'est-elle pas d'une longueur ennuyeuse, et tout à
fait impertinente[106] ?

LE MARQUIS   [I ij] [100]

Cela est vrai.

CLIMÈNE

Assurément.

ÉLISE

Il a raison.

---

106 Pour *impertinente*, voir la n. 50. – Il s'agit de la scène farcesque de I, 2.

LYSIDAS

Arnolphe ne donne-t-il pas trop librement son argent à Horace[107] ? Et puisque c'est le personnage ridicule de la pièce, fallait-il lui faire faire l'action d'un honnête homme ?

LE MARQUIS

Bon, la remarque est encore bonne.

CLIMÈNE

Admirable.

ÉLISE   [101]

Merveilleuse.

LYSIDAS

Le sermon et les Maximes ne sont-elles pas des choses ridicules, et qui choquent même le respect que l'on doit à nos mystères[108] ?

LE MARQUIS

C'est bien dit.

CLIMÈNE

Voilà parlé comme il faut.

ÉLISE

Il ne se peut rien de mieux.

LYSIDAS

Et ce Monsieur de la Souche, enfin, qu'on nous fait un homme d'esprit et qui paraît si sérieux en tant d'endroits, [I iij] [102] ne descend-il point dans quelque chose de

---

107 *L'École des femmes*, I, 4.
108 *L'École des femmes*, III, 2. *Nos mystères* désigne la religion chrétienne.

trop comique et de trop outré au cinquième acte, lorsqu'il
explique à Agnès la violence de son amour avec ces rou-
lements d'yeux extravagants, ces soupirs ridicules et ces
larmes niaises qui font rire tout le monde[109] ?

LE MARQUIS

Morbleu ! merveille !

CLIMÈNE

Miracle !

ÉLISE

Vivat ! Monsieur Lysidas.

LYSIDAS

Je laisse cent mille autres choses de peur d'être ennuyeux.

LE MARQUIS   [103]

Parbleu ! Chevalier, te voilà mal ajusté.

DORANTE

Il faut voir.

LE MARQUIS

Tu as trouvé ton homme, ma foi !

DORANTE

Peut-être.

LE MARQUIS

Réponds, réponds, réponds, réponds.

---

109 *L'École des femmes*, V, 4.

DORANTE

Volontiers. Il…

LE MARQUIS

Réponds donc, je te prie.

DORANTE

Laisse-moi donc faire. Si…

LE MARQUIS   [I iiij] [104]

Parbleu ! je te défie de répondre.

DORANTE

Oui, si tu parles toujours.

CLIMÈNE

De grâce, écoutons ses raisons.

DORANTE

Premièrement, il n'est pas vrai de dire que toute la pièce n'est qu'en récits. On y voit beaucoup d'actions qui se passent sur la scène ; et les récits eux-mêmes y sont des actions suivant la constitution du sujet, d'autant qu'ils sont tous faits innocemment[110], ces récits, à la personne intéressée, qui par là [105] entre à tous coups dans une confusion à réjouir les spectateurs, et prend à chaque nouvelle toutes les mesures qu'il peut pour se parer du malheur qu'il craint.

URANIE

Pour moi, je trouve que la beauté du sujet de *L'École des femmes* consiste dans cette confidence perpétuelle ; et ce qui me paraît assez plaisant, c'est qu'un homme qui a de

---

110 Naïvement.

l'esprit et qui est averti de tout par une innocente qui est
sa maîtresse et par un étourdi qui est son rival, ne puisse
avec cela éviter ce qui lui arrive.

LE MARQUIS   [106]

Bagatelle, bagatelle.

CLIMÈNE

Faible réponse.

ÉLISE

Mauvaises raisons.

DORANTE

Pour ce qui est des *enfants par l'oreille*, ils ne sont plaisants que par réflexion à Arnolphe[111] ; et l'auteur n'a pas
mis cela pour être de soi un bon mot, mais seulement pour
une chose qui caractérise l'homme et peint d'autant mieux
son extravagance, puisqu'il rapporte une sottise triviale qu'a
dite Agnès comme la chose la plus belle du monde et qui
lui don[107]ne une joie inconcevable.

LE MARQUIS

C'est mal répondre.

CLIMÈNE

Cela ne satisfait point.

ÉLISE

C'est ne rien dire.

---

111 Que lorsqu'ils sont rapportés à Arnolphe.

DORANTE
Quant à l'argent qu'il donne librement, outre que la lettre de son meilleur ami lui est une caution suffisante, il n'est pas incompatible qu'une personne soit ridicule en de certaines choses, et honnête homme en d'autres. Et pour la scène d'Alain et de Georgette dans le logis, que quelques-uns ont trouvée longue et froide, il est [108] certain qu'elle n'est pas sans raison ; et de même qu'Arnolphe se trouve attrapé, pendant son voyage, par la pure innocence de sa maîtresse, il demeure, au retour, longtemps à sa porte par l'innocence de ses valets, afin qu'il soit partout puni par les choses qu'il a cru faire la sûreté de ses précautions.

LE MARQUIS
Voilà des raisons qui ne valent rien.

CLIMÈNE
Tout cela ne fait que blanchir[112].

ÉLISE
Cela fait pitié.

DORANTE   [109]
Pour le discours moral que vous appelez un sermon, il est certain que de vrais dévots qui l'ont ouï n'ont pas trouvé qu'il choquât ce que vous dites ; et sans doute que ces paroles d'*enfer* et de *chaudières bouillantes*[113] sont assez justifiées par l'extravagance d'Arnolphe et par l'innocence de celle à qui il parle. Et quant au transport amoureux du cinquième acte, qu'on accuse d'être trop outré et trop comique, je voudrais bien savoir si ce n'est pas faire la satire des amants, et si les

---

112 *Blanchir* : échouer dans ses efforts, être inefficace.
113 *L'École des femmes*, III, 2, vers 727 et 737.

honnêtes gens même, et les plus [K] [110] sérieux, en de pareilles occasions, ne font pas des choses… ?

LE MARQUIS
Ma foi, Chevalier, tu ferais mieux de te taire.

DORANTE
Fort bien. Mais enfin si nous nous regardions nous-mêmes quand nous sommes bien amoureux… ?

LE MARQUIS
Je ne veux pas seulement t'écouter.

DORANTE
Écoute-moi si tu veux. Est-[111]ce que dans la violence de la passion… ?

LE MARQUIS
La, la, la, la, lare, la, la, la, la, la, la. (*Il chante.*)

DORANTE
Quoi ?…

LE MARQUIS
La, la, la, la, lare, la, la, la, la, la, la. (*Il chante.*)

DORANTE
Je ne sais pas si ?…

LE MARQUIS
La, la, la, la, lare, la, la, la, la, la, la.

URANIE   [K ij] [112]
Il me semble que…

LE MARQUIS
La, la, la, lare, la, la, la, la, la, la, la, la, la, la.

URANIE
Il se passe des choses assez plaisantes dans notre dispute. Je trouve troue qu'on en pourrait bien faire une petite comédie, et que cela ne serait pas trop mal à la queue de *L'École des femmes*[114].

DORANTE
Vous avez raison.

LE MARQUIS   [113]
Parbleu ! Chevalier, tu jouerais là-dedans un rôle qui ne te serait pas avantageux.

DORANTE
Il est vrai, Marquis.

CLIMÈNE
Pour moi, je souhaiterais que cela se fît, pourvu qu'on traitât l'affaire comme elle s'est passée.

ÉLISE
Et moi, je fournirais de bon cœur mon personnage.

LYSIAS
Je ne refuserais pas le mien, [K iij] [114] que je pense.

---

114 À la suite de la représentation de *L'École des femmes*, puisque une petite pièce accompagnait la pièce de résistance. Cet assemblage de *L'École* et de sa *Critique* se réalisa effectivement à la scène.

URANIE

Puisque chacun en serait content, Chevalier, faites un mémoire de tout, et le donnez à Molière[115], que vous connaissez, pour le mettre en comédie.

CLIMÈNE

Il n'aurait garde, sans doute, et ce ne serait pas des vers à sa louange.

URANIE

Point, point ; je connais son humeur : il ne se soucie pas qu'on fronde[116] ses pièces, pourvu qu'il y vienne du monde.

DORANTE   [115]

Oui. Mais quel dénouement pourrait-il trouver à ceci ? Car il ne saurait y avoir ni mariage ni reconnaissance ; et je ne sais point par où l'on pourrait faire finir la dispute.

URANIE

Il faudrait rêver quelque incident pour cela.

Scène 7 et DERNIÈRE   [116]
GALOPIN, LYSIDAS, DORANTE, LE MARQUIS,
CLIMÈNE, ÉLISE, URANIE

GALOPIN

Madame, on a servi sur table.

---

115 Molière, disaient ses ennemis, se servait de *mémoires*, de documents qu'on lui remettait pour bâtir ses comédies.
116 Pour *fronder*, voir la n. 97.

DORANTE

Ah ! voilà justement ce qu'il faut pour le dénouement que nous cherchions ; et l'on ne peut [117] rien trouver de plus naturel. On disputera fort et ferme de part et d'autre, comme nous avons fait, sans que personne se rende. Un petit laquais viendra dire qu'on a servi ; on se lèvera et chacun ira souper.

URANIE

La comédie ne peut pas mieux finir, et nous ferons bien d'en demeurer là.

FIN.

REMERCIEMENT AU ROI

INTRODUCTION

L'occasion de ce poème d'une centaine de vers adressé au roi est fort bien connue. À la demande du monarque, Chapelain avait établi une liste d'hommes de lettres qui pourraient recevoir une gratification royale – selon la politique du mécénat (et de la propagande !) dont Richelieu avait posé les bases et que Colbert avait poursuivie. Le jugement de Chapelain sur Molière nous est parvenu[1] : il appréciait son comique naturel, sa peinture de la vie, son invention, tout en regrettant sa tendance à la bouffonnerie. Molière est donc inscrit dans une des fournées de 1663, pour 1 000 livres, comme « excellent poète comique ».

Un pensionné devait évidemment continuer de travailler pour la gloire du roi – dessein qui était assurément celui de Molière, lequel s'était mis au service du monarque depuis *Les Fâcheux*. Et il lui fallait d'abord remercier, comme les autres élus.

---

1   Voir ses *Opuscules critiques*, éd. Alfred C. Hunter, révisée par Anne Duprat, Paris, S.T.F.M., 2007, p. 407.

DANS LA QUERELLE

La date du remerciement de Molière est plus difficile à préciser et fait débat ; il sortit des presses en 1663, mais quand fut-il rédigé ? Je suis Patrick Dandrey, qui propose la période qui va de la mi-juillet à la mi-septembre 1663 pour la rédaction[2] – c'est-à-dire en pleine querelle de *L'École des femmes*, et non sans lien avec elle. Il faut expliquer. Parmi les autres pensionnés de 1663, on trouve évidemment le grand Pierre Corneille, « premier poète dramatique du monde ». Ce dramaturge s'empressa de remercier ; mais les 102 vers de son *Remerciement présenté au Roi en l'année 1663*[3] se guinde en alexandrins nobles et aussi convenus dans la modestie affichée que dans la louange royale. Plus habilement, Molière saisit l'occasion d'avoir à remercier le roi pour se mesurer à Corneille, dont l'abbé d'Aubignac nous apprend qu'il menait la cabale contre Molière depuis l'Hôtel de Bourgogne.

LA MANIÈRE

Et, de fait, l'originalité de son *Remerciement* éclate[4]. Molière ne s'adresse pas au roi, mais à sa Muse, qu'il charge de porter son remerciement au roi et de l'assurer qu'elle

---

2   Voir sa *Guerre comique. Molière et la querelle de L'École des Femmes*, 2014, p. 397-404.

3   Dans l'édition Georges Couton des *Œuvres complètes*, t. III, Paris, Gallimard, 1987, p. 453-455 (Pléiade).

4   Analyse comparée des deux textes dans Patrick Dandrey, *op. cit.* p. 258 *sqq.*

emploiera tout son art et toutes ses veilles à la gloire et aux plaisirs du roi. Idée spirituelle qui permet à Molière de mettre littéralement en scène sa Muse, qu'il travestit en marquis (avec tous les ridicules attribués déjà par lui aux marquis), fait rejoindre le roi à son lever au Louvre, avant de débiter son compliment. Et la pointe du poème constitue l'éloge le plus spirituel qui soit : Molière prévient sa Muse que le roi ne la laissera pas parler, car il n'aime pas la louange et comprendra aussitôt ; avec un doux sourire, le roi passera comme un trait. Louis XIV était assez intelligent pour apprécier la qualité de la louange et l'esprit du procédé de Molière, dont il était déjà le protecteur de fait.

Ajoutons que jusque dans le choix du vers, Molière semble prendre le contrepied de Corneille, dont il parodie le texte à l'occasion. Non l'alexandrin, mais des strophes de vers mêlés, qui complètent tout à fait le caractère mondain, galant, à la Voiture, de ce *Remerciement*, que le tour de force de Molière a transformé en spirituel et agréable badinage, parfois coloré d'un discret burlesque – sans rien lui faire perdre de sa visée. Du grand art !

LE TEXTE

Nous suivons l'édition originale :

REMERCIEMENT / AV / ROY / A PARIS / Chez / GVILLAVME DE LVYNES, au bout de / la Gallerie des Merciers, à la Iustice. ET / GABRIEL QVINET, dans la Gallerie des / Prisonniers à S. Raphaël / au Palais / M. DC. LXIII. In-4° : [2] 3-7 [1].

Trois exemplaires à la BnF, Tolbiac : RES-YE-1871, RES-YE-1076 et RES-YF-1221. Texte numérisé : NUMM-70153 ; lot d'images numérisées : IFN-8612045.

BIBLIOGRAPHIE

DANDREY, Patrick, *La Guerre comique. Molière et la querelle de L'École des femmes*, Paris, Hermann, 2014.

REMERCIEMENT AU ROI

Votre paresse enfin me scandalise,
　　　Ma Muse[1] ; obéissez-moi ;
Il faut ce matin, sans remise[2],
　　　Aller au lever du Roi :
5　　　　　Vous savez bien pourquoi ;
　　　Et ce vous est une honte
　　　De n'avoir pas été plus prompte
À le remercier de ces fameux bienfaits[3] ;
　　　Mais il vaut mieux tard que jamais.
10　　　Faites donc votre compte[4]
D'aller au Louvre accomplir mes souhaits.

Gardez-vous bien d'être en Muse bâtie[5] :
Un air de Muse est choquant dans ces
　　　lieux ;
On y veut des objets à réjouir les yeux,
15　　　Vous en devez être avertie ;
Et vous ferez votre cour beaucoup mieux,
Lorsqu'en marquis vous serez travestie. [A ij] [4]

1　La Muse de la comédie est Thalie.
2　Sans délai, sans retard.
3　Molière venait d'être inscrit sur la liste des pensionnés, gratifiés ou
　　pensionnés pour l'année 1663 ; il touchera régulièrement sa pension les
　　années suivantes.
4　*Faire son compte* (ou *conte*, le XVIIe ne distinguant pas encore les deux mots)
　　de : avoir la ferme intension de.
5　Gardez-vous bien de vous présenter en Muse.

Vous savez ce qu'il faut pour paraître marquis.
N'oubliez rien de l'air, ni des habits ;
20   Arborez un chapeau chargé de trente plumes
Sur une perruque de prix ;
Que le rabat soit des plus grands volumes,
Et le pourpoint des plus petits[6] ;
Mais surtout je vous recommande
25   Le manteau, d'un ruban sur le dos retroussé[7] :
La galanterie[8] en est grande,
Et parmi les marquis de la plus haute bande[9]
C'est pour être placé.

Avec vos brillantes hardes[10]
30   Et votre ajustement[11],
Faites tout le trajet de la salle des gardes[12] ;
Et vous peignant galamment,
Portez de tous côtés vos regards brusquement ;
Et ceux que vous pourrez
connaître,
35   Ne manquez pas, d'un haut ton,
De les saluer par leur nom,
De quelque rang qu'ils puissent être ;
Cette familiarité
Donne, à quiconque en use, un air de qualité.

---

6   Un grand col (*rabat*) sur la sorte de veste ou de gilet qu'est le *pourpoint*.
7   Le manteau doit être rejeté sur les épaules.
8   L'élégance.
9   La troupe, la caste la plus recherchée.
10   Les *hardes* désignent les vêtements, sans aucune nuance péjorative alors.
11   *Ajustement* : toilette, parure.
12   Qu'il fallait traverser pour arriver à la chambre du Roi.

40   Grattez[13] du peigne à la porte
                   De la chambre du Roi.
                Ou si, comme je prévois,
                 La presse s'y trouve forte,   [5]
               Montrez de loin votre chapeau,

45   Ou montez sur quelque chose,
               Pour faire voir votre museau,
               Et criez, sans aucune pause,
               D'un ton rien moins que naturel :
           « Monsieur l'huissier, pour le marquis un tel. »

50 Jetez-vous dans la foule, et tranchez du notable.

Coudoyez un chacun ; point du tout de quartier.
            Pressez, poussez, faites le diable
               Pour vous mettre le premier ;
               Et quand même l'huissier,

55   À vos désirs inexorables,
Vous trouverait en face un marquis repoussable[14],
               Ne démordez point pour cela ;
               Tenez toujours ferme là ;
À déboucher la porte il irait trop du vôtre[15] ;

60   Faites qu'aucun n'y puisse pénétrer,
Et qu'on soit obligé de vous laisser entrer,
               Pour faire entrer quelque autre.

---

13   On ne heurte pas à la porte de la chambre du roi, on gratte ; et les courtisans se servaient de leur peigne.

14   Vous trouverait, en vous voyant de face, un marquis qu'on peut éconduire, repousser (*repoussable* est un néologique plaisant).

15   Votre honneur serait trop engagé.

Quand vous serez entré[16], ne vous relâchez pas.
Pour assiéger la chaise[17], il faut d'autres combats.
65   Tâchez d'en être des plus proches,
En y gagnant le terrain pas à pas ;
Et si des assiégeants le prévenant amas[18]
En bouche toutes les approches,
Prenez le parti doucement   [A iij] [6]
70   D'attendre le Prince au passage :
Il connaîtra[19] votre visage
Malgré votre déguisement ;
Et lors, sans tarder davantage,
Faites-lui votre compliment[20].

75   Vous pourriez aisément l'étendre,
Et parler des transports[21] qu'en vous font éclater
Les surprenants bienfaits que, sans les mériter,
Sa libérale main sur vous daigne répandre,
Et des nouveaux efforts où s'en va vous porter
80   L'excès de cet honneur où vous n'osiez prétendre ;
Lui dire comme vos désirs
Sont, après ses bontés qui n'ont point de pareilles,
D'employer à sa gloire, ainsi qu'à ses plaisirs,
Tout votre art et toutes vos veilles ;
85   Et là-dessus lui promettre merveilles[22].

---

16 Masculin pour le marquis, qui n'est autre que la Muse déguisée, laquelle
    voudrait le féminin…
17 Le fauteuil que le roi va occuper.
18 La masse des courtisans (*l'amas*) qui ont devancé (*prévenant*) le marquis
    autour du fauteuil du roi.
19 Il reconnaîtra.
20 *Compliment* : le petit discours dont Molière a chargé la Muse déguisée
    en marquis.
21 *Transports* : les manifestations fortes du sentiment de la reconnaissance.
22 Les commentateurs voient ici précisément une parodie du *Remerciement*
    de Corneille. Au demeurant, les bienfaits surprenants et non mérités

Sur ce chapitre on n'est jamais à sec :
Les Muses sont de grandes prometteuses !
Et comme vos sœurs les causeuses,
Vous ne manquerez pas, sans doute, par le bec[23].

90
Mais les grands princes n'aiment guère
Que les compliments qui sont courts ;
Et le nôtre surtout a bien d'autres affaires
Que d'écouter tous vos discours.
La louange et l'encens n'est pas ce qui le touche ;   [7]

95
Dès que vous ouvrirez la bouche
Pour lui parler de grâce et de bienfait,
Il comprendra d'abord[24] ce que vous voudrez dire,
Et se mettant doucement à sourire,
D'un air qui sur les cœurs fait un charmant effet[25],

100
Il passera comme un trait,
Et cela vous doit suffire.
Voilà votre compliment fait.

FIN.

constituaient un *topos* de ce genre de remerciement. Simplement, Molière
a su l'intégrer dans une forme nouvelle !
23   *Manquer* ou faillir *par le bec*, c'est être à court de paroles.
24   *D'abord* : aussitôt.
25   Produit l'effet puissant d'un charme magique.

L'IMPROMPTU DE VERSAILLES

INTRODUCTION

Au *Portrait du peintre* de Boursault, la réplique de Molière vint un mois et demi plus tard, et ce fut *L'Impromptu de Versailles*, fiction théâtrale particulièrement originale créée devant le roi, à Versailles, entre le 19 et le 21 octobre 1663 ; La Grange précise qu'à côté d'autres comédies, on a joué « *L'Impromptu* dit, à cause de la nouveauté et du lieu, *de Versailles* ». Les spectateurs parisiens du Palais-Royal virent *L'Impromptu* pour la première fois le dimanche 4 novembre. La pièce, assurément écrite dans la bousculade de la querelle, dont les épisodes se datent de mois en mois, voire de semaine en semaine, porte bien son titre d'*impromptu* ; mais il s'agit d'un impromptu fort savamment broché.

C'est même un nouvel exploit de Molière dans la querelle que cette comédie de comédiens renouvelée, que cette comédie de coulisses comme l'appelle Patrick Dandrey, qui permit à Molière à la fois de présenter son travail et sa troupe, de régler ses comptes avec ses adversaires, comédiens et pamphlétaires, et de se défendre personnellement. Nous sommes en effet dans la salle de la comédie du château de Versailles ; deux heures avant que le roi vienne assister au spectacle, Molière réunit sa troupe pour une ultime répétition. La troupe travaille donc sous nos yeux, pour le spectacle royal à venir. Mais Molière est désespéré car, prise par le temps et gênée par les fâcheux, la troupe n'est pas prête, alors que l'on annonce le roi ; lequel, heureuse nouvelle, remet à plus tard la représentation du nouveau spectacle qu'il attendait.

UNE PIÈCE VIRTUOSE

L'Impromptu de Versailles est déjà remarquable par son habileté. Le fil de la répétition en costumes de scène, où Molière et ses comédiens paraissent sous leurs noms propres de la ville, permet une belle liberté d'allure et entraîne digressions, retour au travail de la répétition, satires, attaques et défenses personnelles, prises de position de Molière – le tout parfaitement emboîté et dans un rythme bousculé, avec la menace permanente du délai.

Mais, pour peu qu'on réfléchisse aux différents niveaux de la fiction, c'est l'idée du vertige et de la confusion qui s'installe[1]. Qu'on en juge ! À Versailles, en novembre 1663, Molière et sa troupe, personnes réelles, jouent...Molière et sa troupe, devenus personnages de fiction théâtrale. Mais chaque acteur, dans cette fiction, est censé incarner un autre personnage fictif, a un rôle dans la pièce en répétition : La Grange en marquis, la Du Parc en façonnière, Du Croisy en poète pédant, Brécourt en honnête homme de cour, etc. Nous sommes déjà au troisième degré, et chaque acteur doit imprimer fortement dans son esprit son caractère, comme dit Molière. La répétition peut alors commencer de la pièce prévue pour le roi, et qui est censée se dérouler, justement, dans l'antichambre du roi (scène 3, 4 et 5),

1   Voir Jacques Morel, « *L'Impromptu* ou l'illusion de l'identité », article de 1981, repris dans ses *Agréables Mensonges* de 1991, p. 289-295.

jusqu'à l'interruption provoquée par Madeleine Béjart. On passe continuellement du degré 3 au degré 2.

Plus admirable et plus vertigineux encore le cas de Molière et de ses rôles. Jean-Baptiste Poquelin, dit Molière, représente donc Molière ; mais le Molière de la fiction va se démultiplier en un nombre considérable de rôles, dix-sept ou dix-huit, a calculé Jacques Morel ! Il va, dans la fiction, prendre le rôle du poète venu offrir une pièce à la troupe arrivée de la province, puis prendre le rôle de trois comédiens de ladite troupe donnant eux-mêmes des extraits de rôles des pièces de Corneille. Puis Molière, laissant le rôle des comédiens à la déclamation naturelle, imite des comédiens de l'Hôtel de Bourgogne récitant les mêmes rôles. Nous sommes déjà à un troisième degré de fiction. Et n'oublions pas qu'il fera un marquis dans la pièce en répétition. Arrêtons-nous là et mesurons la portée de ces redoublements de jeu, qui partent de la réalité historique et s'enfoncent dans la multiplication des niveaux de fiction : on ne sait plus trop qui est qui, l'acteur se confondant avec ses personnages. Mais le théâtre est bien là, n'est-ce pas, pour donner l'illusion de l'identité ? C'est bien l'illusion théâtrale, « l'illusion comique » disait Corneille.

LA VIE DU THÉÂTRE

L'Impromptu de Versailles ne se réduit pas à la virtuosité ; il est aussi d'une belle richesse et d'une belle densité.

De manière obvie, pour commencer, il est très précieux pour nous introduire parmi les comédiens un peu révélés ici, dans la vie d'une troupe, dans le quotidien des acteurs,

groupés autour de leur chef, mais non sans tiraillements.
Pour le coup, la fiction de cette comédie de comédiens éclaire
sur la réalité de Molière chef de troupe, de ses rapports avec
les comédiens – même s'il faut prendre *cum grano salis* la
brève altercation entre Molière et sa jeune femme. Le chef
de troupe doit savoir manifester son autorité, mais aussi
encourager, complimenter – voyez scène 2, un compliment
à la Du Parc, dont l'art est justement de savoir bien représenter un personnage opposé à sa nature de comédienne –,
montrer ce qu'il attend des comédiens, les guider dans le
ton, le geste, la mimique, le placement dans l'espace et les
déplacements. « Ah ! les étranges animaux à conduire que
des comédiens[2] ! » Bref, Molière personnage nous montre
Molière metteur en scène avant le mot. Et la répétition
fournit vingt petits détails dont sont friands les historiens
du théâtre, sur les coulisses et la vie des coulisses : on répète
en costumes de scène, mais les coffres à vêtements servent
de fauteuils ; curieux et importuns viennent troubler la
répétition et faire un brin de cour aux belles actrices...

Il est un point capital sur lequel *L'Impromptu* laisse
entrevoir beaucoup, mais éclaire malheureusement trop peu.
Dans la vague idée qui est évoquée d'écrire une comédie
qui ferait le portrait satirique de ses rivaux de l'Hôtel de
Bourgogne, Molière a attrapé leur manière de réciter et
va donner un aperçu de ce projet de comédie (encore un
redoublement[3] !), en prenant position sur la déclamation
des comédiens. À travers la critique des grands comédiens
de l'Hôtel de Bourgogne, on perçoit l'enjeu du débat bien
connu : Molière refuse la déclamation ampoulée et excessive

---

2   Scène 1.
3   Noter que Mademoiselle Molière, Armande, après s'être plainte de la
     brutalité des propos de son mari Molière, a ce mot : « Ma foi, si je faisais
     une comédie... » – tout se transcrit en comédies multipliées !

de ses rivaux, au bénéfice d'une déclamation plus souple, plus naturelle. Malheureusement, aucune caméra n'était en route quand Molière faisaient ses imitations et parodies ! Les mots de *L'Impromptu* disent bien, en tout cas, les griefs et attaques de Molière contre l'emphase de la diction.

ILLUSTRATION ET DÉFENSE DE MOLIÈRE

C'est bien Molière qui reste au centre de *L'Impromptu de Versailles*, et pas seulement comme acteur et chef de troupe.

L'auteur comique est bien présent à travers la comédie de comédiens du troisième degré dont il fournit un extrait, et surtout à travers la pièce mise en répétition. Les descriptions des rôles et les indications de jeu nous valent une belle galerie de portraits satiriques, avec les personnages d'un marquis, d'une précieuse, d'un pédant, d'une prude, d'une médisante, d'une soubrette. Et des portraits en actes, puisque Molière joue lui-même, fait jouer ses acteurs et commente la répétition.

Au passage d'ailleurs, à la scène 4, dans son rôle de marquis, il montre que la matière est infinie pour le dramaturge et ses comédies à venir. La cour en particulier lui fournirait plus d'un modèle, dont le dernier est littéralement mis en scène – et l'on se croirait dans un chapitre des *Caractères* de La Bruyère ! Et n'oublions pas cette précision, mise dans la bouche de Brécourt qui fait l'honnête homme de cour : à travers les *fantômes* ou *personnages en l'air* que sont ses personnages de théâtre, Molière veut peindre les mœurs sans toucher aux personnes, la comédie devant rependre *en général* les défauts des hommes de ce siècle.

C'est déjà, et encore une fois, se défendre de faire des personnalités. Mais *L'Impromptu de Versailles* devait aussi répondre aux attaques récentes de la cabale. Boursault est liquidé, expédié et exécuté de manière cinglante et cruelle : un misérable dont on feint d'ignorer le nom en l'écorchant, qui sert de prête-nom à d'autres plus célèbres, désireux d'écraser ainsi Molière de manière plus ignominieuse. Le ton se fait plus grave et dans une sorte de parabase finale, Molière tombe le masque. Il accepte qu'on critique ou qu'on déchire ses pièces, et il ne répondra pas aux censures et aux invectives d'un Boursault ; sa meilleure réponse sera l'invention de nouvelles comédies, qui réussiront comme les autres ; il accepte aussi qu'on critique l'acteur en lui. Mais il se plaint des attaques indignes dirigées contre sa personne et contre sa vie privée. C'est le fameux passage de la scène 5 : « Je leur abandonne de bon cœur mes ouvrages, ma figure, mes gestes, mes paroles, mon ton de voix et ma façon de réciter... » Puis Molière de déclarer l'affaire close : « et voilà toute la réponse qu'ils auront de moi ». Manière de clore la querelle.

LE ROI

Un personnage ou une personne est omniprésente dans *L'Impromptu Versailles*, sans paraître sur la scène : le roi. C'est dans son château que la troupe du Palais-Royal a été invitée, qu'elle répète et qu'elle doit jouer, et c'est dans l'antichambre du roi qu'est censée se dérouler la comédie en répétition. C'est pour la représentation devant le roi que la répétition est bousculée. C'est le déplacement du roi que l'on craint devant l'impréparation du spectacle commandé. Et c'est le roi qui fait savoir sa compréhension et tire la troupe d'embarras en remettant la représentation de la pièce annoncée. Molière et sa troupe sont au service du roi, dans une soumission empressée et craintive. Dans la scène première, une longue réponse aux propos de Mesdemoiselles Béjart et De Brie développe les exigences de ce service : répondre aux commandes du prince sans délai, lui offrir divertissements et plaisirs quand il le souhaite pour satisfaire son envie.

Cette soumission affichée a son avers : Molière sait qu'il a conquis la faveur du roi et il compte sur elle dans la querelle, certainement. En somme, Louis XIV est presque un acteur hors scène de la fiction de *L'Impromptu*. Se lisent ici clairement les rapports du roi, maître du jeu et maître de Molière, au dramaturge son serviteur ; on aura l'occasion de revenir sur cette question, bien connue[4], à propos du *Tartuffe*, où le roi, acteur encore invisible, fait une nouvelle fois le dénouement.

---

4   Voir la rapide synthèse de Charles Mazouer, « Molière et le roi », [in] *Le Pouvoir et ses écritures*, études réunies par Denis Lopez, *Eidôlon*, n° 101, 2012, p. 135-144. – Marc Fumaroli (« Microcosme comique et macrocosme solaire : Molière, Louis XIV et *L'Impromptu de Versailles* », *R.S.H.*, 1972, n° 145, p. 95-114) va beaucoup plus loin et montre l'analogie entre le microcosme comique régi par Molière et le macrocosme solaire et royal, qui englobe ce microcosme et que le roi surplombe ; cette étude apporte d'autres lumières sur la connivence entre l'artiste et le prince.

LA FIN DE LA QUERELLE
DE *L'ÉCOLE DES FEMMES*

Si Molière n'y intervient plus, la querelle se poursuit quelque peu encore. Et les adversaires du dramaturge ne désarment pas. Robinet publie un *Panégyrique de L'École des femmes, ou Conversation comique sur les œuvres de Monsieur de Molière*, qui est en réalité une attaque contre Molière ; de Visé, à nouveau lui, fait jouer à l'Hôtel de Bourgogne une *Réponse à L'Impromptu des Versailles*. Montfleury le fils écrit un *Impromptu de l'Hôtel de Condé*, d'abord joué, comme son nom l'indique, à l'Hotel de Condé par les comédiens de l'Hôtel de Bourgogne. Molière, qui fait désormais silence, ne se trouve qu'un défenseur, Philippe de la Croix, avec une amusante et intelligente *Guerre comique, ou la défense de L'École des femmes*[5].

Un fait notable : le 11 décembre 1663, le Grand Condé mande en son hôtel, pour les festivités accompagnant le mariage de son fils, les deux troupes rivales du Palais-Royal et de l'Hôtel de Bourgogne[6]. Au cours de la même soirée, les deux camps adverses de la querelle furent mis en compétition et se donnèrent en spectacle : furent représentés *La Critique de L'École des femmes* et *L'Impromptu de Versailles* de Molière et, pour les adversaires de Molière, *Le Portrait*

---

5   Avant ce dernier texte, on peut signaler *Les Amours de Calotin* du comédien du Marais (le troisième théâtre de Paris, qui était resté en dehors du débat) Chevalier qui, en un débat initial indépendant de la suite de la comédie, sous forme de conversation – les pièces de théâtre de la querelle furent souvent de simples conversations, à l'imitation de *La Critique de L'École des femmes* – évoque la querelle, sans aucune polémique.

6   Voir Huguette Gilbert, « *Les Noces ducales* et la querelle de *L'École des femmes* », XVIIᵉ siècle, nᵒ 150, 1986, p. 73-74.

du peintre de Boursault et *L'Impromptu de l'Hôtel de Condé* de Montfleury fils. Manière de relativiser la querelle, où tous les participants furent plus ou moins égratignés, mais où tous gagnèrent de la notoriété : tout cela ne fut finalement que du théâtre !

Montfleury le père, le comédien, ulcéré par les railleries à son égard contenues dans *L'Impromptu de Versailles*, avait osé propager une calomnie et accuser Molière d'inceste auprès du roi. La réponse royale fut sans ambiguïté et indique assez quelle fut la position du roi dans cette affaire : en février 1664, le fils premier né d'Armande Béjart et de Molière, Louis, est baptisé, le roi étant parrain tandis que Madame était marraine. Et un mois plus tôt, avait été créé au Louvre, chez la reine mère, *Le Mariage forcé*. La querelle de *L'École des femmes* était bien épuisée et étouffée.

LE TEXTE

Molière ne publia pas cet *Impromptu*, qui fut imprimé pour la première fois après sa mort, dans le t. VII des *Œuvres complètes* de 1682 :

LES / ŒUVRES / POSTHUMES / DE / MONSIEUR / DE MOLIERE. / *TOME VII.* / Imprimées pour la premiere fois en 1682. / A PARIS. / Chez DENYS THIERRY, ruë saint Jacques, à / l'enseigne de la Ville de Paris. / CLAUDE BARBIN, au Palais, sur le se-/cond Perron de la Sainte Chapelle. / ET / PIERRE TRABOUILLET, au Palais, dans la / Gallerie des Prisonniers, à l'image S. Hubert, & / à la Fortune, proche le Greffe des / Eaux

& Forests. / M. DC. LXXXII. / AVEC PRIVILEGE DU ROY. In-12. *L'Impromptu de Versailles* se trouve aux pages 86-126.

Nous suivons évidemment ce texte.

BIBLIOGRAPHIE

L'édition de *L'École des femmes* par Jean Serroy (Paris, Gallimard, Folio Classique, 2012), précédemment signalée, contient également le texte de *L'Impromptu de Versailles*. *La Querelle de L'École des femmes, comédies de Jean Donneau de Visé, Edme Boursault, Charles Robinet, A. J. Montfleury, Jean Chevalier, Philippe de La Croix*, éd. Georges Mongrédien, Paris, Marcel Didier pour la S.T.F.M., 1971, 2 vol.

FUMAROLI, Marc, « Microcosme comique et macrocosme solaire : Molière, Louis XIV et *L'Impromptu de Versailles* », *R.S.H.*, 1972, n° 145, p. 95-114.

MOREL, Jacques, « *L'Impromptu* ou l'illusion de l'identité », article de 1981, repris dans ses *Agréables Mensonges. Essais sur le théâtre français du XVIIᵉ siècle*, Paris, Klincksieck, 1991 (Bibliothèque de l'âge classique, 1) p. 289-295.

GILBERT, Huguette, « *Les Noces ducales* et la querelle de *L'École des femmes* », *XVIIᵉ siècle*, n° 150, 1986, p. 73-74.

COLLINET, Jean-Pierre, « Projets de pièces et de personnages virtuels dans *L'Impromptu de Versailles* », [in] *L'Art du théâtre. Mélanges en hommage à Robert Garapon*, Paris, PUF, 1992, p. 217-230.

DANDREY, Patrick, « Molière auto-portraitiste : du masque au visage », *Travaux de littérature*, XX, 2007, p. 107-119.

MERLIN-KAJMAN, Hélène, « Indignité comique et public en débat », [in] *Les Querelles dramatiques à l'âge classique*

(XVIIͤ-XVIIIͤ siècles), Louvain-Paris-Walpole, Mass., Peeters, 2010, p. 97-111.

MAZOUER, Charles, « Molière et le Roi », [in] *Le Pouvoir et ses écritures*, études réunies par Denis Lopez, *Eidôlon*, n° 101, 2012, p. 135-144.

DANDREY, Patrick, *La Guerre comique. Molière et la querelle de* L'École des femmes, Paris, Hermann, 2014.

DANDREY, Patrick, « Une critique à l'impromptu : Molière et la comédie d'"auto-analyse" », [in] *L'Ombre dans l'œuvre : la critique dans l'œuvre littéraire*, sous la direction de Marianne Bouchardon et Myriam Dufour-Maître, Paris, Classiques Garnier, 2015, p. 113-125 (Rencontres, 122).

STEIGERWALD, Jörn, « Le naturel : Molières Modellierung eines sozialen und ästhetischen Ideals (*L'École des femmes, La Critique de L'École des femmes, L'Impromptu de Versailles*) », *Romanistische Zeitschrift für Literaturgeschichte*, 41, 3-4, 2017, p. 283-305.

DANDREY, Patrick, « Molière sur le plateau de *L'Impromptu de Versailles* », [in] *Le Dramaturge sur un plateau : quand l'auteur dramatique devient personnage*, Paris, Classiques Garnier, 2018, p. 243-255.

FORESTIER, Georges, « L'Impromptu de Versailles, de la défense à l'apothéose », [in] *Le Dramaturge sur un plateau : quand l'auteur dramatique devient personnage*, Paris, Classiques Garnier, 2018, p. 209-230.

NORMAN, Larry F., « Un autoportrait ironique ? Pour une lecture comique de *L'Impromptu de Versailles* », [in] *Le Dramaturge sur un plateau : quand l'auteur dramatique devient personnage*, Paris, Classiques Garnier, 2018, p. 231-242.

L'IMPROMPTU
DE VERSAILLES,

COMÉDIE

PAR J. B. P. MOLIÈRE

Représentée la première fois à Versailles pour le Roi
le quatorzième octobre 1663,
et donnée depuis au public dans la salle du Palais-Royal,
le quatrième novembre de la même année 1663.

Par la troupe de MONSIEUR, frère unique du Roi

MOLIÈRE, marquis ridicule.
BRÉCOURT, homme de qualité.
DE LA GRANGE, marquis ridicule.
DU CROISY, poète.
LA THORILLIÈRE, marquis fâcheux.
BÉJART, homme qui fait le nécessaire.
MADEMOISELLE DU PARC, marquise façonnière.
MADEMOISELLE BÉJART, prude.
MADEMOISELLE DE BRIE, sage coquette[1].
MADEMOISELLE MOLIÈRE, satirique spirituelle.
MADEMOISELLE DU CROISY, peste doucereuse.
MADEMOISELLE HERVÉ, servante précieuse.

La scène est à Versailles dans la salle de la Comédie[2].

---

1   Oxymore malicieux, puisque *coquette* peut avoir un sens nettement
     péjoratif ? Ou l'actrice de Brie jouera-t-elle une femme qui cherche à
     plaire aux hommes, mais en restant finalement sage ?
2   On ne sait où situer cet endroit, car la véritable salle de la comédie du
     château de Versailles, bien localisée, ne sera mise en place que beaucoup
     plus tard.

L'IMPROMPTU
DE VERSAILLES

Comédie

Scène PREMIÈRE
MOLIÈRE, BRÉCOURT, LA GRANGE, DU CROISY,
MADEMOISELLE DU PARC, MADEMOISELLE BÉJART,
MADEMOISELLE DE BRIE, MADEMOISELLE MOLIÈRE,
MADEMOISELLE DU CROISY, MADEMOISELLE HERVÉ

MOLIÈRE

Allons donc, Messieurs et Mesdames, vous moquez-vous
avec votre longueur[3], et ne voulez-vous pas tous venir ici ?
La peste soit des gens ! Holà ho ! Monsieur de Brécourt[4] !

BRÉCOURT

Quoi ?

MOLIÈRE   [H ij] [92]

Monsieur de la Grange !

LA GRANGE

Qu'est-ce ?

MOLIÈRE

Monsieur du Croisy !

---

3   *Longueur* : lenteur.
4   Cet appel par leur chef va nous permettre de connaître la troupe de
    Molière à cette date (fin 1663).

DU CROISY

Plaît-il ?

MOLIÈRE

Mademoiselle Du Parc !

MADEMOISELLE DU PARC

Hé bien ?

MOLIÈRE

Mademoiselle Béjart !

MADEMOISELLE BÉJART

Qu'y a-t-il ?

MOLIÈRE

Mademoiselle de Brie !

MADEMOISELLE DE BRIE

Que veut-on ?

MOLIÈRE

Mademoiselle Du Croisy !

MADEMOISELLE DU CROISY

Qu'est-ce que c'est ?

MOLIÈRE

Mademoiselle Hervé !

MADEMOISELLE HERVÉ

On y va.

MOLIÈRE

Je crois que je deviendrai fou avec tous ces gens-ci. Eh, têtebleu, Messieurs, me voulez-vous faire enrager aujourd'hui ?

BRÉCOURT

Que voulez-vous qu'on fasse ? Nous ne savons pas nos rôles ; et c'est nous faire enrager vous-même, que de nous obliger à jouer de la sorte.

MOLIÈRE   [93]

Ah ! les étranges[5] animaux à conduire que des comédiens !

MADEMOISELLE BÉJART

Eh bien ! nous voilà. Que prétendez-vous faire ?

MADEMOISELLE DU PARC

Quelle est votre pensée ?

MADEMOISELLE DE BRIE

De quoi est-il question ?

MOLIÈRE

De grâce, mettons-nous ici ; et puisque nous voilà tous habillés[6], et que le Roi ne doit venir de deux heures, employons ce temps à répéter notre affaire, et voir la manière dont il faut jouer les choses.

LA GRANGE

Le moyen de jouer ce qu'on ne sait pas ?

---

5   *Étrange* : hors du commun, extraordinaire.
6   C'est-à-dire avec nos vêtements de scène, les costumes de nos personnages.

MADEMOISELLE DU PARC

Pour moi, je vous déclare que je ne me souviens pas d'un mot de mon personnage.

MADEMOISELLE DE BRIE

Je sais bien qu'il me faudra souffler le mien, d'un bout à l'autre.

MADEMOISELLE BÉJART

Et moi, je me prépare fort à tenir mon rôle[7] à la main.

MADEMOISELLE MOLIÈRE

Et moi aussi.

MADEMOISELLE HERVÉ

Pour moi, je n'ai pas grand-chose à dire.

MADEMOISELLE DU CROISY

Ni moi non plus ; mais avec cela je ne répondrais pas de ne point manquer[8].

DU CROISY

J'en voudrais être quitte pour dix pistoles[9].

BRÉCOURT   [H iij] [94]

Et moi, pour vingt bons coups de fouet, je vous assure.

---

7   Le texte (manuscrit rédigé par le gagiste chargé de la copie) de ce que doit jouer l'actrice.

8   Je ne suis pas sûre que la mémoire ne vienne à me manquer.

9   Je suis prêt à donner dix pistoles pour pouvoir abandonner mon rôle. La *pistole* est une monnaie d'or étrangère, espagnole ou italienne, qui valait 11 livres à la fin du siècle ; la somme est assez importante. Mais il doit être préférable de donner une telle somme plutôt que de recevoir vingt coups de fouet pour pouvoir se dédire !

MOLIÈRE

Vous voilà tous bien malades, d'avoir un méchant[10] rôle
à jouer ; et que feriez-vous donc si vous étiez en ma place ?

MADEMOISELLE BÉJART

Qui, vous ? Vous n'êtes pas à plaindre ; car, ayant fait
la pièce, vous n'avez pas peur d'y manquer[11].

MOLIÈRE

Et n'ai-je à craindre que le manquement de mémoire ?
Ne comptez-vous pour rien l'inquiétude d'un succès[12]
qui ne regarde que moi seul ? Et pensez-vous que ce soit
une petite affaire que d'exposer quelque chose de comique
devant une assemblée comme celle-ci, que d'entreprendre
de faire rire des personnes qui nous impriment le respect
et ne rient que quand ils[13] veulent ? Est-il auteur qui ne
doive trembler lorsqu'il en vient à cette épreuve ? Et n'est-ce
pas à moi de dire que je voudrais en être quitte pour toutes
les choses du monde ?

MADEMOISELLE BÉJART

Si cela vous faisait trembler, vous prendriez mieux vos
précautions, et n'auriez pas entrepris en huit jours ce que
vous avez fait.

MOLIÈRE

Le moyen de m'en défendre quand un roi me l'a
commandé ?

---

10 *Méchant* : de mauvaise qualité ; comprenons : un petit rôle (nous dirions
     « un malheureux rôle »).
11 Vous n'avez pas peur d'en oublier le texte.
12 *Succès* : résultat, qui peut être bon ou mauvais.
13 *Ils*, masculin, renvoie à *personnes*, féminin, par accord avec le sens.

MADEMOISELLE BÉJART

Le moyen ? Une respectueuse excuse fondée sur l'impossibilité de la chose dans le peu de temps qu'on vous donne ; et tout autre, en votre place, ménagerait mieux sa réputation, et se serait bien gardé de se commettre[14] comme vous faites. Où [94] en serez-vous, je vous prie, si l'affaire réussit mal[15] ? et quel avantage pensez-vous qu'en prendront tous vos ennemis ?

MADEMOISELLE DE BRIE

En effet ; il fallait s'excuser avec respect envers le roi, ou demander du temps davantage.

MOLIÈRE

Mon Dieu, Mademoiselle[16], les rois n'aiment rien tant qu'une prompte obéissance, et ne se plaisent point du tout à trouver des obstacles. Les choses ne sont bonnes que dans le temps qu'ils les souhaitent ; et leur en vouloir reculer le divertissement est en ôter pour eux toute la grâce. Ils veulent des plaisirs qui ne se fassent point attendre, et les moins préparés leur sont toujours les plus agréables. Nous ne devons jamais nous regarder[17] dans ce qu'ils désirent de nous : nous ne sommes que pour leur plaire ; et lorsqu'ils nous ordonnent quelque chose, c'est à nous à profiter vite de l'envie où ils sont. Il vaut mieux s'acquitter mal de ce qu'ils nous demandent, que de ne s'en acquitter pas assez tôt ; et si l'on a la honte de n'avoir pas bien réussi, on a toujours la gloire d'avoir obéi vite à leurs commandements. Mais songeons à répéter, s'il vous plaît.

---

14 *Se commettre* : se compromettre.
15 Parce qu'il est précisé que l'affaire peut réussir *mal*, on voit que *réussir* signifie « avoir comme issue », de manière neutre.
16 Selon la tradition, quand il s'adresse à une de ses actrices, Molière l'appelle *Mademoiselle*.
17 Nous considérer nous-mêmes.

MADEMOISELLE BÉJART

Comment prétendez-vous que nous fassions, si nous ne savons pas nos rôles ?

MOLIÈRE

Vous les saurez, vous dis-je ; et quand même vous ne les sauriez pas tout à fait, pouvez-vous pas y suppléer de votre esprit, puisque c'est de la prose, et que vous savez votre sujet[18] ?

MADEMOISELLE BÉJART

Je suis votre servante[19] : la prose est pis encore que les vers.

MADEMOISELLE MOLIÈRE   [96]

Voulez-vous que je vous dise ? vous deviez[20] faire une comédie où vous auriez joué tout seul.

MOLIÈRE

Taisez-vous, ma femme, vous êtes une bête.

MADEMOISELLE MOLIÈRE

Grand merci, Monsieur mon mari. Voilà ce que c'est : le mariage change bien les gens, et vous ne m'auriez pas dit cela il y a dix-huit mois[21].

---

18 Molière semble ici demander à ses comédiens une part d'improvisation, un peu comme dans la *commedia dell'arte* que pratiquaient ses camarades italiens logés dans le même théâtre du Palais-Royal. Il le faisait couramment pour les farces, rarement pour ses comédies littéraires. La situation est ici une situation d'urgence, qui nécessite qu'une part d'impromptu soit demandée aux comédiens.

19 Manière pour Mademoiselle Béjart de dire son refus.

20 Vous auriez dû.

21 Molière a épousé Armande Béjart en février 1662. Il n'a plus à faire le galant ! Mais l'époux se conduit bien rudement...

MOLIÈRE

Taisez-vous, je vous prie.

MADEMOISELLE MOLIÈRE

C'est une chose étrange[22] qu'une petite cérémonie soit capable de nous ôter toutes nos belles qualités, et qu'un mari et un galant regardent la même personne avec des yeux si différents.

MOLIÈRE

Que de discours !

MADEMOISELLE MOLIÈRE

Ma foi, si je faisais une comédie, je la ferais sur ce sujet. Je justifierais les femmes de bien des choses dont on les accuse ; et je ferais craindre aux maris la différence qu'il y a de leurs manières brusques aux civilités des galants.

MOLIÈRE

Ahy ! laissons cela. Il n'est pas question de causer maintenant ; nous avons autre chose à faire.

MADEMOISELLE BÉJART

Mais puisqu'on vous a commandé de travailler sur le sujet de la critique qu'on a faite contre vous[23], que n'avez-vous fait cette comédie des comédiens[24], dont vous nous avez parlé il y a longtemps ? C'était une affaire toute trouvée et qui venait fort bien à la chose, et d'autant mieux, qu'ayant entrepris de vous peindre, ils vous ouvraient l'occasion de

---

22   Voir la n. 5.
23   Il s'agit du *Portrait du peintre, ou La Contre-critique de L'École des femmes*, de Boursault, jouée à l'Hôtel de Bourgogne.
24   Une *comédie de comédiens* met en scène des comédiens connus du public, sous leur propre nom – ce qu'est en train de faire Molière.

les peindre aussi, et que cela [97] aurait pu s'appeler leur portrait, à bien plus juste titre que tout ce qu'ils ont fait ne peut être appelé le vôtre. Car vouloir contrefaire un comédien dans un rôle comique, ce n'est pas le peindre lui-même, c'est peindre d'après lui les personnages qu'il représente et se servir des mêmes traits et des mêmes couleurs qu'il est obligé d'employer aux différents tableaux des caractères ridicules, qu'il imite d'après nature ; mais contrefaire un comédien dans des rôles sérieux, c'est le peindre par des défauts qui sont entièrement de lui, puisque ces sortes de personnages ne veulent ni les gestes, ni les tons de voix ridicules dans lesquels on le reconnaît[25].

MOLIÈRE

Il est vrai ; mais j'ai mes raisons pour ne le pas faire, et je n'ai pas cru, entre nous, que la chose en valût la peine ; et puis il fallait plus de temps pour exécuter cette idée. Comme leurs jours de comédies[26] sont les mêmes que les nôtres[27], à peine ai-je été les voir que trois ou quatre fois depuis que nous sommes à Paris ; je n'ai attrapé de leur manière de réciter que ce qui m'a d'abord[28] sauté aux yeux,

---

25 Madeleine Béjart veut dire que les défauts et les ridicules qu'on remarque chez un acteur de comédie ne sont pas de lui mais de son personnage, alors que ceux que l'on repère chez un acteur tragique sont bien de son fait, de sa personne et non de son rôle. Critiquer ou parodier un acteur comique est donc vain, car l'attaque n'atteint pas la personne. Molière, qui va contrefaire ses rivaux de l'Hôtel de Bourgogne dans un instant mettra en valeur les défauts et les ridicules des comédiens eux-mêmes. Au demeurant, les ennemis de Molière s'en prenaient aussi bien en lui à l'acteur comique qu'à l'acteur tragique, déclaré par eux lamentable.

26 Leurs jours de représentation.

27 La troupe de Molière au Palais-Royal et la troupe de l'Hôtel de Bourgogne jouaient les mardis, vendredis et dimanches.

28 *D'abord* : aussitôt.

et j'aurais eu besoin de les étudier davantage pour faire des portraits bien ressemblants.

MADEMOISELLE DU PARC

Pour moi, j'en ai reconnu quelques-uns dans votre bouche.

MADEMOISELLE DE BRIE

Je n'ai jamais ouï parler de cela.

MOLIÈRE

C'est une idée qui m'avait passé une fois par la tête, et que j'ai laissée là comme une bagatelle, une badinerie, qui peut-être n'aurait point fait rire.

MADEMOISELLE DE BRIE   [I] [98]

Dites-la-moi un peu, puisque vous l'avez dite aux autres.

MOLIÈRE

Nous n'avons pas le temps maintenant.

MADEMOISELLE DE BRIE

Seulement deux mots.

MOLIÈRE

J'avais songé une comédie où il y aurait eu un poète, que j'aurais représenté moi-même, qui serait venu pour offrir une pièce à une troupe de comédiens nouvellement arrivés de la campagne[29]. « Avez-vous, aurait-il dit, des acteurs et des actrices qui soient capables de bien faire valoir un ouvrage ? Car ma pièce est une pièce… – Eh ! Monsieur, auraient répondu les

---

29   La troupe de Molière, censément, qui avait tourné treize ans en province, comme les autres troupes de *campagne*, avant de pourvoir s'installer à Paris.

comédiens, nous avons des hommes et des femmes qui ont été trouvés raisonnables[30] partout où nous avons passé. – Et qui fait les rois parmi vous ? – Voilà un acteur qui s'en démêle[31] parfois. – Qui ? ce jeune homme bien fait[32] ? Vous moquez-vous ? Il faut un roi qui soit gros et gras comme quatre, un roi, morbleu! qui soit entripaillé[33] comme il faut, un roi d'une vaste circonférence, et qui puisse remplir un trône de la belle manière! La belle chose qu'un roi d'une taille galante[34]! Voilà déjà un grand défaut; mais que je l'entende un peu réciter une douzaine de vers. » Là-dessus le comédien aurait récité, par exemple, quelques vers[35] du roi de *Nicomède*[36] :

> *Te le dirai-je Araspe ? il m'a trop bien servi ;*
> *Augmentant mon pouvoir…,*

le plus naturellement qu'il lui aurait été possible. Et le poète : « Comment ? vous appelez cela réciter ? C'est se railler. Il faut dire les choses avec emphase. Écoutez-moi :

> *Imitant Montfleury, excellent acteur*
> *de l'Hôtel de Bourgogne.*   [99]

> *Te le dirais-je, Araspe ?… etc.*

---

30 *Raisonnables* : convenables, suffisants.
31 *Se démêler* : se débrouiller, réussir adroitement.
32 Probablement La Thorillière.
33 Néologisme moliéresque. Molière se moquait ici de l'acteur Montfleury et de son obésité.
34 La taille fine d'un homme élégant.
35 Les vers 413-414, prononcés par le roi Prusias dans le *Nicomède* de Pierre Corneille, en II, 1.
36 Il est à noter que *Nicomède*, comme trois des autres tragédies de Corneille qui servent à la démonstration railleuse de Molière (*Horace*, *Le Cid* et *Sertorius*) étaient également au répertoire de la troupe de Molière. Le spectateur du temps pouvait comparer les deux styles de jeu !

Voyez-vous cette posture ? Remarquez bien cela. Là,
appuyez comme il faut le dernier vers. Voilà ce qui attire
l'approbation et fait faire le brouhaha[37]. – Mais, Monsieur,
aurait répondu le comédien, il me semble qu'un roi qui
s'entretient tout seul avec son capitaine des gardes parle
un peu plus humainement, et ne prend guère ce ton de
démoniaque. – Vous ne savez ce que c'est. Allez-vous-en
réciter comme vous faites, vous verrez si vous ferez faire
aucun *ah !* Voyons un peu une scène d'amant et d'amante. »
Là-dessus une comédienne et un comédien auraient fait une
scène ensemble, qui est celle de Camille et de Curiace[38] :

> *Iras-tu, ma chère âme, et ce funeste honneur*
> *Te plaît-il aux dépens de tout notre bonheur ?*
> *– Hélas ! je vois trop bien…, etc.,*

tout de même que l'autre, et le plus naturellement qu'ils
auraient pu. Et le poète aussitôt : « Vous vous moquez, vous
ne faites rien qui vaille, et voici comme il faut réciter cela :

> *Imitant Mlle Beauchâteau, comédienne*
> *de l'Hôtel de Bourgogne[39].*

> *Iras-tu, ma chère âme…, etc.*
> *Non, je te connais mieux[40]…, etc.*

Voyez-vous comme cela est naturel et passionné ? Admirez
ce visage riant qu'elle conserve dans les plus grandes

---

37 Le *brouhaha* est le bruit confus des applaudissements.
38 Dialogue tirée d'une autre tragédie de Pierre Corneille, *Horace* (II, 5,
    vers 533-535).
39 La Beauchâteau était alors une vieille comédienne, que, dans sa parodie,
    Molière fait jouer à contresens et minauder.
40 V. 543.

afflictions. » Enfin, voilà l'idée ; et il aurait parcouru de même tous les acteurs et toutes les actrices.

MADEMOISELLE DE BRIE

Je trouve cette idée assez plaisante, et j'en ai reconnu là dès le premier vers. Continuez, je vous prie.

MOLIÈRE, *imitant Beauchâteau,*
aussi comédien, dans les stances du Cid[41].   [I ij] [100]
Percé jusques au fond du cœur..., etc.

Et celui-ci, le reconnaîtrez-vous bien dans Pompée de *Sertorius*[42] ?

Imitant Hauteroche, aussi comédien,

L'inimitié qui règne entre les deux partis
N'y rend pas de l'honneur..., etc.

MADEMOISELLE DE BRIE

Je le reconnais un peu, je pense.

MOLIÈRE

Et celui-ci ?

Imitant de Villiers, aussi comédien[43].

Seigneur, Polybe est mort[44]*..., etc.*

---

41 Le mari de la Beauchâteau était lui-aussi hors d'âge pour jouer le jeune premier Rodrigue dans *Le Cid* de Pierre Corneille (I, 7, v. 293).

42 Pierre Corneille, *Sertorius*, III, 1, vers 759-760. Le vers 759 exact est : « L'inimitié qui règne entre *nos* deux partis ».

43 On ne sait quel défaut parodiait Molière chez ces deux derniers acteurs de l'Hôtel, Hauteroche et Villiers.

44 Pierre Corneille, *Œdipe*, V, 2, v. 1672 (texte exact : « Le roi Polybe est mort »). Rôle du vieillard Iphicrate.

MADEMOISELLE DE BRIE

Oui, je sais qui c'est ; mais il y en a quelques-uns d'entre eux, je crois, que vous auriez peine à contrefaire.

MOLIÈRE

Mon Dieu, il n'y en a point qu'on ne pût attraper par quelque endroit, si je les avais bien étudiés. Mais vous me faites perdre un temps qui nous est cher. Songeons à nous, de grâce, et ne nous amusons[45] point davantage à discourir. (*Parlant à de La Grange.*) Vous, prenez garde à bien représenter avec moi votre rôle de marquis.

MADEMOISELLE MOLIÈRE

Toujours des marquis !

MOLIÈRE

Oui, toujours des marquis. Que diable voulez-vous qu'on prenne pour un caractère agréable de théâtre ? Le marquis aujourd'hui est le plaisant de la comédie[46]. Et comme dans toutes les comédies anciennes on voit toujours un valet bouffon qui fait rire les auditeurs, de même, dans toutes nos pièces de maintenant, il faut toujours un marquis ridicule qui divertisse la compagnie[47].

MADEMOISELLE BÉJART   [101]

Il est vrai, on ne s'en saurait passer.

MOLIÈRE

Pour vous, Mademoiselle...

---

45 *S'amuser* : s'attarder, s'arrêter.
46 Le bouffon de la comédie.
47 Donneau de Visé fera jouer par les comédiens de l'Hôtel de Bourgogne une *Réponse à L'Impromptu de Versailles*, dont le sous-titre est *La Vengeance des marquis*.

MADEMOISELLE DU PARC

Mon Dieu, pour moi, je m'acquitterai fort mal de mon personnage, et je ne sais pas pourquoi vous m'avez donné ce rôle de façonnière.

MOLIÈRE

Mon Dieu, Mademoiselle, voilà comme vous disiez lorsque l'on vous donna celui de *La Critique de L'École des femmes*[48] ; cependant vous vous en êtes acquittée à merveille, et tout le monde est demeuré d'accord qu'on ne peut pas mieux faire que vous avez fait. Croyez-moi, celui-ci sera de même ; et vous le jouerez mieux que vous ne pensez.

MADEMOISELLE DU PARC

Comment cela se pourrait-il faire ? car il n'y a point de personne au monde qui soit moins façonnière que moi.

MOLIÈRE

Cela est vrai ; et c'est en quoi vous faites mieux voir que vous êtes excellente comédienne, de bien représenter un personnage qui est si contraire à votre humeur. Tâchez donc de bien prendre, tous, le caractère de vos rôles, et de vous figurer que vous êtes ce que vous représentez.

(*À Du Croisy.*) Vous faites le poète, vous, et vous devez vous remplir de ce personnage, marquer cet air pédant qui se conserve parmi le commerce du beau monde[49], ce ton de voix sentencieux, et cette exactitude de prononciation qui appuie sur toutes les syllabes, et ne laisse échapper aucune lettre de la plus sévère orthographe.

---

48 Dans *La Critique*, la Du parc avait tenu le rôle de la précieuse Climène, une *façonnière*, dont tout le comportement était affecté, tout au contraire d'un comportement naturel.

49 Les relations mondaines.

(*À Brécourt.*) Pour vous, vous faites un honnête homme de cour, comme vous avez déjà fait dans *La Critique de L'École* [I iij] [102] *des femmes*[50], c'est-à-dire que vous devez prendre un air posé, un ton de voix naturel, et gesticuler le moins qu'il vous sera possible.

(*À de La Grange.*) Pour vous, je n'ai rien à vous dire.

(*À Mademoiselle Béjart.*) Vous, vous représentez une de ces femmes qui, pourvu qu'elles ne fassent point l'amour[51], croient que tout le reste leur est permis, de ces femmes qui se retranchent toujours fièrement sur leur pruderie, regardent un chacun de haut en bas, et veulent que toutes les plus belles qualités que possèdent les autres ne soient rien en comparaison d'un misérable honneur dont personne ne se soucie. Ayez toujours ce caractère devant les yeux, pour en bien faire les grimaces.

(*À Mademoiselle de Brie.*) Pour vous, vous faites une de ces femmes qui pensent être les plus vertueuses personnes du monde pourvu qu'elles sauvent les apparences, de ces femmes qui croient que le péché n'est que dans le scandale, qui veulent conduire doucement les affaires qu'elles ont[52] sur le pied d'attachement honnête[53], et appellent *amis* ce que les autres nomment *galants*. Entrez bien dans ce caractère.

(*À Mademoiselle Molière.*) Vous, vous faites le même personnage que dans *La Critique*[54], et je n'ai rien à vous dire, non plus qu'à Mademoiselle Du Parc.

---

50   S'il est probable que Du Croisy tenait le rôle du poète Lysidas dans *La Critique*, il est donc certain que c'est Brécourt qui tenait celui du chevalier Dorante, l'honnête homme de cour.
51   Pourvu qu'elles ne s'adonnent pas à la galanterie.
52   Il s'agit bien sûr d'*affaires* amoureuses.
53   En les faisant passer par un attachement honnête.
54   Elle tenait le rôle d'Élise.

(*À Mademoiselle Du Croisy*.) Pour vous, vous représentez une de ces personnes qui prêtent doucement des charités[55] à tout le monde, de ces femmes qui donnent toujours le petit coup de langue en passant, et seraient bien fâchées d'avoir souffert[56] qu'on eût dit du bien du prochain. Je crois que vous ne vous acquitterez pas mal de ce rôle.

(*À Mademoiselle Hervé*.) Et pour vous, vous êtes la sou-brette de la Précieuse, qui se mêle de temps en temps dans la conversation, et attrape, comme [103] elle peut, tous les termes de sa maîtresse. Je vous dis tous vos caractères, afin que vous vous les imprimiez fortement dans l'esprit. Commençons maintenant à répéter, et voyons comme cela ira. Ah! voici justement un fâcheux! Il ne nous fallait plus que cela.

Scène 2
LA THORILLIÈRE, MOLIÈRE, *etc.*

LA THORILLIÈRE
Bonjour, Monsieur Molière.

MOLIÈRE
Monsieur, votre serviteur[57]. La peste soit de l'homme!

---

55 *Prêter des charités à quelqu'un*, c'est lui prêter mensongèrement des propos qu'il n'a pas tenus – donc médire.
56 *Souffrir* : supporter.
57 Après la salutation obligée, Molière se tourne de côté pour faire sa réflexion à part, puis, le jeu se répétant, après chaque civilité au fâcheux (qu'il écoute mal, d'ailleurs), il s'adresse à ses comédiens et comédiennes qu'il tâche de maintenir dans le projet de la répétition. La Thorillière joue un fâcheux à la fois trop curieux et désireux de courtiser les comédiennes; ce personnage est connu des comédies du XVIIe siècle qui donnent en spectacle les coulisses d'un théâtre, dans des comédies de comédiens ou dans des prologues – à commencer par *La Comédie de la comédie* de Dorimond de 1662, et ensuite dans les comédies fin-de-siècle.

LA THORILLIÈRE

Comment vous en va ?

MOLIÈRE

Fort bien, pour vous servir. Mesdemoiselles, ne…

LA THORILLIÈRE

Je viens d'un lieu où j'ai bien dit du bien de vous.

MOLIÈRE

Je vous suis obligé. Que le diable t'emporte ! Ayez un peu soin…

LA THORILLIÈRE

Vous jouez une pièce nouvelle aujourd'hui ?

MOLIÈRE

Oui, Monsieur. N'oubliez pas…

LA THORILLIÈRE

C'est le Roi qui vous la fait faire ?

MOLIÈRE

Oui, Monsieur. De grâce, songez…

LA THORILLIÈRE   [I iiij] [104]

Comment l'appelez-vous ?

MOLIÈRE

Oui, Monsieur.

LA THORILLIÈRE

Je vous demande comment vous la nommez.

MOLIÈRE

Ah! ma foi, je ne sais. Il faut, s'il vous plaît, que vous...

LA THORILLIÈRE

Comment serez-vous habillés?

MOLIÈRE

Comme vous voyez. Je vous prie...

LA THORILLIÈRE

Quand commencerez-vous?

MOLIÈRE

Quand le Roi sera venu. Au diantre le questionneur!

LA THORILLIÈRE

Quand croyez-vous qu'il vienne?

MOLIÈRE

La peste m'étouffe, Monsieur, si je le sais.

LA THORILLIÈRE

Savez-vous point?...

MOLIÈRE

Tenez, Monsieur, je suis le plus ignorant homme du monde; je ne sais rien de tout ce que vous pourrez me demander, je vous jure. J'enrage! ce bourreau vient, avec un air tranquille, vous faire des questions, et ne se soucie pas qu'on ait en tête d'autres affaires.

LA THORILLIÈRE

Mesdemoiselles, votre serviteur.

MOLIÈRE

Ah ! bon, le voilà d'un autre côté.

LA THORILLIÈRE, *à Mademoiselle Du Croisy.*   [105]

Vous voilà belle comme un petit ange. Jouez-vous toutes deux aujourd'hui ? (*En regardant Mademoiselle Hervé.*).

MADEMOISELLE DU CROISY

Oui, Monsieur.

LA THORILLIÈRE

Sans vous, la comédie ne vaudrait pas grand-chose.

MOLIÈRE

Vous ne voulez pas faire en aller cet homme-là ?

MADEMOISELLE DE BRIE

Monsieur, nous avons ici quelque chose à répéter ensemble.

LA THORILLIÈRE

Ah ! parbleu ! je ne veux pas vous empêcher : vous n'avez qu'à poursuivre.

MADEMOISELLE DE BRIE

Mais…

LA THORILLIÈRE

Non, non, je serais fâché d'incommoder personne. Faites librement ce que vous avez à faire.

MADEMOISELLE DE BRIE

Oui, mais…

LA THORILLIÈRE

Je suis homme sans cérémonie, vous dis-je, et vous pouvez répéter ce qui vous plaira.

MOLIÈRE

Monsieur, ces demoiselles ont peine à vous dire qu'elles souhaiteraient fort que personne ne fût ici pendant cette répétition.

LA THORILLIÈRE

Pourquoi ? il n'y a point de danger pour moi[58].

MOLIÈRE

Monsieur, c'est une coutume qu'elles observent, [106] et vous aurez plus de plaisir quand les choses vous surprendront.

LA THORILLIÈRE

Je m'en vais donc dire que vous êtes prêts.

MOLIÈRE

Point du tout, Monsieur ; ne vous hâtez pas, de grâce.

Scène 3

MOLIÈRE, LA GRANGE, *etc.*

MOLIÈRE

Ah ! que le monde est plein d'impertinents[59] ! Or sus, commençons. Figurez-vous donc premièrement que la scène est dans l'antichambre du roi ; car c'est un lieu où il se passe tous les jours des choses assez plaisantes. Il est aisé de faire venir là toutes les personnes qu'on veut, et on

---

58 Je ne risque pas de bavarder sur ce que j'ai vu.
59 *Impertinent* : qui agit mal à propos.

peut trouver des raisons même pour y autoriser la venue des femmes que j'introduis. La comédie s'ouvre par deux marquis qui se rencontrent.

Souvenez-vous bien, vous, de venir, comme je vous ai dit, là, avec cet air qu'on nomme le bel air, peignant votre perruque et grondant[60] une petite chanson entre vos dents. La, la, la, la, la, la. Rangez-vous donc, vous autres, car il faut du terrain à deux marquis ; et ils ne sont pas gens à tenir leur personne dans une petit espace. Allons, parlez.

LA GRANGE

« Bonjour, Marquis. »

MOLIÈRE   [107]

Mon Dieu, ce n'est point là le ton d'un marquis ; il faut le prendre un peu plus haut ; et la plupart de ces messieurs affectent une manière de parler particulière, pour se distinguer du commun : « Bonjour, Marquis. » Recommencez donc.

LA GRANGE

« Bonjour, Marquis.

MOLIÈRE

« Ah ! Marquis, ton serviteur.

LA GRANGE

« Que fais-tu là ?

MOLIÈRE

« Parbleu ! tu vois : j'attends que tous ces messieurs aient débouché la porte, pour présenter là mon visage.

---

60 *Gronder* : chantonner.

LA GRANGE

« Têtebleu ! quelle foule ! Je n'ai garde de m'y aller frotter, et j'aime bien mieux entrer des derniers.

MOLIÈRE

« Il y a là vingt gens qui sont fort assurés de n'entrer point, et qui ne laissent pas de se presser et d'occuper toutes les avenues[61] de la porte.

LA GRANGE

« Crions nos deux noms à l'huissier, afin qu'il nous appelle[62].

MOLIÈRE

« Cela est bon pour toi ; mais pour moi, je ne veux pas être joué par Molière.

LA GRANGE

« Je pense pourtant, Marquis, que c'est toi qu'il joue dans *La Critique*.

MOLIÈRE

« Moi ? Je suis ton valet[63] ; c'est toi-même en propre personne.

LA GRANGE   [108]

« Ah ! ma foi, tu es bon de m'appliquer ton personnage.

---

61 *Avenue* : voie d'accès.
62 L'accès à la chambre du Roi est bloqué par des courtisans qui ne pourront même pas entrer. Les marquis pensent qu'en donnant (sans discrétion) leur nom à l'huissier, celui-ci les fera entrer.
63 Formule de dénégation ou de refus.

MOLIÈRE

« Parbleu ! Je te trouve plaisant de me donner ce qui t'appartient.

LA GRANGE

« Ha, ha, ha ! cela est drôle.

MOLIÈRE

« Ha, ha, ha ! cela est bouffon.

LA GRANGE

« Quoi ! Tu veux soutenir que ce n'est pas toi qu'on joue dans le marquis de *La Critique* ?

MOLIÈRE

« Il est vrai, c'est moi. *Détestable, morbleu ! détestable ! tarte à la crème !* C'est moi, c'est moi, assurément, c'est moi.

LA GRANGE

« Oui, parbleu ! c'est toi ; tu n'as que faire de railler ; et si tu veux, nous gagerons, et verrons qui a raison des deux.

MOLIÈRE

« Et que veux-tu gager encore ?

LA GRANGE

« Je gage cent pistoles que c'est toi.

MOLIÈRE

« Et moi, cent pistoles que c'est toi.

LA GRANGE

« Cent pistoles comptant ?

MOLIÈRE

« Comptant. Quatre-vingt-dix pistoles sur Amyntas[64] et dix pistoles comptant.

LA GRANGE

« Je le veux.

MOLIÈRE

« Cela est fait.

LA GRANGE   [109]

« Ton argent court grand risque.

MOLIÈRE

« Le tien est bien aventuré.

LA GRANGE

« À qui nous en rapporter ?

MOLIÈRE

« Voici un homme qui nous jugera. Chevalier ! »

Scène 4
MOLIÈRE, BRÉCOURT, LA GRANGE, *etc.*

BRÉCOURT

« Quoi ? »

MOLIÈRE

Bon. Voilà l'autre qui prend le ton de marquis ! Vous ai-je pas dit que vous faites un rôle où l'on doit parler naturellement ?

---

64 Des pistoles que me remboursera ou, plus vraisemblablement, que m'avancera Amyntas.

BRÉCOURT

Il est vrai.

MOLIÈRE

Allons donc. « Chevalier !

BRÉCOURT

« Quoi ?

MOLIÈRE

« Juge-nous un peu sur une gageure[65] que nous avons
faite.

BRÉCOURT

« Et quelle ?

MOLIÈRE

« Nous disputons qui est le marquis de *La Critique* de
Molière ; il gage que c'est moi, et moi je gage que c'est lui.

BRÉCOURT   [110]

« Et moi, je juge que ce n'est ni l'un ni l'autre. Vous
êtes fous tous deux, de vouloir vous appliquer ces sortes
de choses ; et voilà de quoi j'ouïs l'autre jour se plaindre
Molière, parlant à des personnes qui le chargeaient[66] de
même chose que vous. Il disait que rien ne lui donnait
du déplaisir comme d'être accusé de regarder quelqu'un[67]
dans les portraits qu'il fait ; que son dessein est de peindre
les mœurs sans vouloir toucher aux personnes, et que tous
les personnages qu'il représente sont des personnages
en l'air, et des fantômes proprement, qu'il habille à sa

---

65   *Gageure* : pari.
66   *Charger* : accuser.
67   De prendre un modèle précis pour ses portraits.

fantaisie, pour réjouir les spectateurs ; qu'il serait bien
fâché d'y avoir jamais marqué[68] qui que ce soit ; et que
si quelque chose était capable de le dégoûter de faire
des comédies, c'était les ressemblances qu'on y voulait
toujours trouver, et dont ses ennemis tâchaient mali-
cieusement[69] d'appuyer la pensée, pour lui rendre de
mauvais offices[70] auprès de certaines personnes à qui il
n'a jamais pensé. Et en effet je trouve qu'il a raison ; car
pourquoi vouloir, je vous prie, appliquer tous ses gestes et
toutes ses paroles[71], et chercher à lui faire des affaires[72] en
disant hautement[73] : « Il joue un tel », lorsque ce sont des
choses qui peuvent convenir à cent personnes ? Comme
l'affaire de la comédie est de représenter en général tous
les défauts des hommes, et principalement des hommes
de notre siècle, il est impossible à Molière de faire aucun
caractère qui ne rencontre[74] quelqu'un dans le monde ; et
s'il faut qu'on l'accuse d'avoir songé toutes les personnes
où l'on peut trouver les défauts qu'il peint, il faut sans
doute[75] qu'il ne fasse plus de comédies.

MOLIÈRE   [111]
    « Ma foi, Chevalier, tu veux justifier Molière, et épargner
notre ami que voilà.

---

68 *Marquer* : désigner.
69 Par méchanceté.
70 Les ennemis de Molière cherchent, avec méchanceté, pour lui rendre
    un mauvais service, à accréditer l'idée que Molière vise des personnes
    particulières.
71 Chercher des applications dans la réalité aux gestes et paroles de ses
    personnages.
72 *Affaire* : querelle, différend.
73 Dire à haute voix, proclamer.
74 Qui ne tombe par hasard sur une personne réelle.
75 *Sans doute* : sans aucun doute, assurément.

LA GRANGE

« Point du tout. C'est toi qu'il épargne, et nous trouverons d'autres juges.

MOLIÈRE

« Soit. Mais, dis-moi, Chevalier, crois-tu pas que[76] ton Molière est épuisé maintenant, et qu'il ne trouvera plus de matière pour... ?

BRÉCOURT

« Plus de matière ? Eh ! mon pauvre Marquis, nous lui en fournirons toujours assez, et nous ne prenons guère le chemin de nous rendre sages pour tout ce qu'il fait et tout ce qu'il dit[77]. »

MOLIÈRE

Attendez, il faut marquer davantage tout cet endroit. Écoutez-le-moi dire un peu. « Et qu'il ne trouvera plus de matière pour... – Plus de matière ? Hé ! mon pauvre Marquis, nous lui en fournirons toujours assez, et nous ne prenons guère le chemin de nous rendre sages pour tout ce qu'il fait et tout ce qu'il dit. Crois-tu qu'il ait épuisé dans ses comédies tout le ridicule des hommes ? Et, sans sortir de la cour, n'a-t-il pas encore vingt caractères de gens où il n'a point touché ? N'a-t-il pas, par exemple, ceux qui se font les plus grandes amitiés du monde et qui, le dos tourné, font galanterie de[78] se déchirer l'un l'autre ? N'a-t-il pas ces adulateurs à outrance, ses flatteurs insipides, qui n'assaisonnent d'aucun sel les louanges qu'ils

---

76   Ne crois-tu pas que.
77   Malgré tout ce qu'il fait et dit de nous dans ses comédies, qui ridiculisent nos défauts et devraient nous corriger.
78   *Faire galanterie de* : trouver élégant, convenable.

donnent, et dont toutes les flatteries ont une douceur fade qui fait mal au cœur à ceux qui les écoutent ? N'a-t-il pas ces lâches courtisans de la faveur, ces perfides adorateurs de la fortune, qui vous encensent dans la prospérité [112] et vous accablent dans la disgrâce ? N'a-t-il pas ceux qui sont toujours mécontents de la cour, ces suivants inutiles, ces incommodes assidus, ces gens, dis-je, qui pour services ne peuvent compter que des importunités[79], et qui veulent que l'on les récompense d'avoir obsédé le Prince dix ans durant ? N'a-t-il pas ceux qui caressent également tout le monde[80], qui promènent leurs civilités à droit[81] et à gauche, et courent à tous ceux qu'ils voient avec les mêmes embrassades et les mêmes protestations d'amitié ? « Monsieur, votre très humble serviteur. – Monsieur, je suis tout à votre service. – Tenez-moi des vôtres, mon cher. – Faites état de moi, Monsieur, comme du plus chaud de vos amis. – Monsieur, je suis ravi de vous embrasser[82]. – Ah ! Monsieur, je ne vous voyais pas ! Faites-moi la grâce de m'employer. Soyez persuadé que je suis entièrement à vous. Vous êtes l'homme du monde que je révère le plus. Il n'y a personne que j'honore à l'égal de vous. Je vous conjure de le croire. Je vous supplie de n'en point douter. – Serviteur. – Très humble valet ». Va, va, Marquis, Molière aura toujours plus de sujets qu'il n'en voudra ; et tout ce qu'il a touché jusqu'ici n'est rien que bagatelle au prix de ce qui reste. » Voilà à peu près comme cela doit être joué.

---

79 Des gens qui en fait de services n'ont commis que des importunités, des maladresses importunes.
80 Montrent une égale complaisance pour tout le monde.
81 *À droit* : du côté droit, à droite.
82 *Embrasser*, c'est prendre dans ses bras.

BRÉCOURT

C'est assez.

MOLIÈRE

Poursuivez.

BRÉCOURT

« Voici Climène et Élise. »

MOLIÈRE

Là-dessus vous arrivez toutes deux. (*À Mademoiselle Du Parc.*) Prenez bien garde, vous, à vous déhancher comme il faut, et à faire bien des [113] façons. Cela vous contraindra un peu ; mais qu'y faire ? Il faut parfois se faire violence.

MADEMOISELLE MOLIÈRE

« Certes, Madame, je vous ai reconnue de loin, et j'ai bien vu à votre air que ce ne pouvait être une autre que vous.

MADEMOISELLE DU PARC

« Vous voyez : je viens attendre ici la sortie d'un homme avec qui j'ai une affaire à démêler.

MADEMOISELLE MOLIÈRE

« Et moi de même. »

MOLIÈRE

Mesdames, voilà des coffres[83] qui vous serviront de fauteuils.

MADEMOISELLE DU PARC

« Allons, Madame, prenez place, s'il vous plaît.

---

83 Dans les coulisses, les coffres à vêtement peuvent servir de siège lors de la répétition.

MADEMOISELLE MOLIÈRE

« Après vous, Madame. »

MOLIÈRE

Bon. Après ces petites cérémonies muettes, chacun prendra place et parlera assis, hors les marquis, qui tantôt se lèveront et tantôt s'assoiront, suivant leur inquiétude[84] naturelle. « Parbleu ! Chevalier, tu devrais faire prendre médecine à tes canons[85].

BRÉCOURT

« Comment ?

MOLIÈRE

« Ils se portent fort mal.

BRÉCOURT

« Serviteur à la turlupinade[86] !

MADEMOISELLE MOLIÈRE

« Mon Dieu ! Madame, que je vous trouve le teint d'une blancheur éblouissante, et les lèvres d'un couleur de feu[87] surprenant !

MADEMOISELLE DU PARC   [K] [114]

« Ah ! que dites-vous là, Madame ? ne me regardez point, je suis du dernier laid aujourd'hui.

---

84   Leur agitation.
85   Voir *La Critique de L'École des femmes*, à la n. 53.
86   Voir *ibid.*, à la n. 8. – Comprendre *serviteur à* ainsi : je refuse, je ne veux pas entendre de telles turlupinades, de tels calembours.
87   On remarque que le mot *couleur*, normalement féminin, pouvait été employé au masculin dans des expressions où il était suivi d'un complément du nom.

MADEMOISELLE MOLIÈRE

« Eh ! Madame, levez un peu votre coiffe.

MADEMOISELLE DU PARC

« Fi ! je suis épouvantable, vous dis-je, et je me fais peur
à moi-même.

MADEMOISELLE MOLIÈRE

« Vous êtes si belle !

MADEMOISELLE DU PARC

« Point, point.

MADEMOISELLE MOLIÈRE

« Montrez-vous.

MADEMOISELLE DU PARC

« Ah ! fi donc, je vous prie !

MADEMOISELLE MOLIÈRE

« De grâce.

MADEMOISELLE DU PARC

« Mon Dieu, non.

MADEMOISELLE MOLIÈRE

« Si fait.

MADEMOISELLE DU PARC

« Vous me désespérez.

MADEMOISELLE MOLIÈRE

« Un moment.

MADEMOISELLE DU PARC

« Ahy !

MADEMOISELLE MOLIÈRE

« Résolument, vous vous montrerez. On ne peut point se passer de vous voir.

MADEMOISELLE DU PARC

« Mon Dieu, que vous êtes une étrange[88] personne ! Vous voulez furieusement[89] ce que vous voulez.

MADEMOISELLE MOLIÈRE

« Ah ! Madame, vous n'avez aucun désavantage à [115] paraître au grand jour, je vous jure. Les méchantes gens qui assuraient que vous mettiez quelque chose[90] ! Vraiment, je les démentirai bien maintenant.

MADEMOISELLE DU PARC

« Hélas ! je ne sais pas seulement ce qu'on appelle mettre quelque chose. Mais où vont ces dames ?

Scène 5
MADEMOISELLE DE BRIE,
MADEMOISELLE DU PARC, *etc.*

MADEMOISELLE DE BRIE

« Vous voulez bien, Mesdames, que nous vous donnions, en passant, la plus agréable nouvelle du monde. Voilà

---

88 Voir la n. 5.
89 *Furieusement*, comme, plus haut, *du dernier* sont du langage précieux.
90 Quelque fard pour rendre le visage plus blanc.

Monsieur Lysidas, qui vient de nous avertir qu'on a fait une pièce contre Molière[91], que les grands comédiens vont jouer.

MOLIÈRE

« Il est vrai, on me l'a voulu lire ; et c'est un nommé Br… Brou…. Brossaut qui l'a faite.

DU CROISY

« Monsieur, elle est affichée sous le nom de Boursaut ; mais, à vous dire le secret, bien des gens ont mis la main à cet ouvrage, et l'on en doit concevoir une assez haute attente. Comme tous les auteurs et tous les comédiens regardent Molière comme leur plus grand ennemi, nous nous sommes tous unis pour le desservir. Chacun de nous a donné un coup de pinceau à son portrait ; mais nous nous sommes bien gardés d'y mettre nos noms : il lui aurait été trop glorieux de suc[K ij][116]comber, aux yeux du monde, sous les efforts de tout le Parnasse[92] ; et pour rendre sa défaite plus ignominieuse, nous avons voulu choisir tout exprès un auteur sans réputation[93].

MADEMOISELLE DU PARC

« Pour moi, je vous avoue que j'en ai toutes les joies imaginables.

MOLIÈRE

« Et moi aussi. Par le sang-bleu ! le railleur sera raillé ; il aura sur les doigts, ma foi !

---

91   Il s'agit du *Portrait du peintre* de Boursault.
92   Sous les coups de tous les auteurs.
93   Comme Boursault aura été malmené de manière cinglante ici !

MADEMOISELLE DU PARC

« Cela lui apprendra à vouloir satiriser tout. Comment ? cet impertinent ne veut pas que les femmes aient de l'esprit ? Il condamne toutes nos expressions élevées et prétend que nous parlions toujours terre à terre !

MADEMOISELLE DE BRIE

« Le langage n'est rien ; mais il censure tous nos attachements, quelque innocents qu'ils puissent être ; et de la façon qu'il en parle, c'est être criminelle[94] que d'avoir du mérite[95].

MADEMOISELLE DU CROISY

« Cela est insupportable. Il n'y a pas une femme qui puisse plus rien faire[96]. Que ne laisse-t-il en repos nos maris, sans leur ouvrir les yeux et leur faire prendre garde à des choses dont ils ne s'avisent pas ?

MADEMOISELLE BÉJART

« Passe pour cela ; mais il satirise même les femmes de bien, et ce méchant plaisant leur donne le titre d'honnêtes diablesses[97].

MADEMOISELLE MOLIÈRE

« C'est un impertinent. Il faut qu'il en ait tout le soûl[98].

---

94 C'est commettre une faute grave.
95 Mademoiselle De Brie représente une femme qui dissimule ses galanteries sous des apparences honnêtes. À quoi pense-t-elle quand elle parle de son *mérite* ? Sans doute à ses succès galants.
96 Qui puisse faire quoi que ce soit (*rien*, c'est le *rem* latin positif).
97 *L'École des femmes*, IV, 8, v. 1296.
98 Qu'avec cette pièce de Boursault il soit rassasié de critiques, à en être dégoûté.

DU CROISY

« La représentation de cette comédie, Madame, [117] aura besoin d'être appuyée, et les comédiens de l'Hôtel[99]…

MADEMOISELLE DU PARC

« Mon Dieu, qu'ils n'appréhendent rien. Je leur garantis le succès de leur pièce, corps pour corps[100].

MADEMOISELLE MOLIÈRE

« Vous avez raison, Madame. Trop de gens sont intéressés à la trouver belle. Je vous laisse à penser si tous ceux qui se croient satirisés par Molière ne prendront pas l'occasion de se venger de lui en applaudissant à cette comédie.

BRÉCOURT

« Sans doute[101], et pour moi, je réponds de douze marquis, de six précieuses, de vingt coquettes, et de trente cocus, qui ne manqueront pas d'y battre des mains[102].

MADEMOISELLE MOLIÈRE

« En effet. Pourquoi aller offenser toutes ces personnes-là, et particulièrement les cocus, qui sont les meilleurs gens du monde ?

MOLIÈRE

« Par la sang-bleu[103] ! On m'a dit qu'on le va dauber, lui et toutes ses comédies, de la belle manière, et que les

---

99 Il s'agit bien sûr de l'Hôtel de Bourgogne.

100 Emportée par sa fureur, la façonnière ne se rend pas compte de la portée carrément physique et sexuelle de ce qu'elle dit ! Elle garantit le succès de la pièce de Boursault sur sa propre VIe, sur son propre corps…

101 Voir *supra* la n. 75.

102 D'y applaudir.

103 *Par la / le sang-bleu, par la sambleu, palsambleu* sont des formes du même jurement, obtenues par corruption et euphémisation de *par le sang (de) Dieu.*

comédiens et les auteurs, depuis le cèdre jusqu'à l'hysope[104], sont diablement animés contre lui.

MADEMOISELLE MOLIÈRE

« Cela lui sied fort bien. Pourquoi fait-il de méchantes[105] pièces que tout Paris va voir, et où il peint si bien les gens, que chacun s'y connaît[106] ? Que ne fait-il des comédies[107] comme celles de Monsieur Lysidas ? Il n'aurait personne contre lui, et tous les auteurs en diraient du bien. Il est vrai que de semblables comédies n'ont pas ce grand concours de monde ; mais, en revanche, elles sont toujours bien écrites, personne n'écrit [K iij] [118] contre elles, et tous ceux qui les voient meurent d'envie de les trouver belles.

DU CROISY

« Il est vrai que j'ai l'avantage de ne point faire d'ennemis, et que tous mes ouvrages ont l'approbation des savants.

MADEMOISELLE MOLIÈRE

« Vous faites bien d'être content de vous. Cela vaut mieux que tous les applaudissements du public, et que tout l'argent qu'on saurait gagner aux pièces de Molière. Que vous importe qu'il vienne du monde à vos comédies, pourvu qu'elles soient approuvées par Messieurs vos confrères ?

LA GRANGE

« Mais quand jouera-t-on *Le Portrait du peintre*[108] ?

---

104 *Depuis le cèdre jusqu'à l'hysope* est une expression biblique ; comprendre : tous les auteurs et comédiens sont animés contre Molière, depuis plus grand (*le cèdre*) jusqu'au plus petit (*l'hysope*).

105 *Méchant* : mauvais.

106 Reconnaît.

107 Pièces de théâtre.

108 En fait, la comédie de Boursault aurait été représentée avant *L'Impromptu de Versailles*.

DU CROISY

« Je ne sais ; mais je me prépare fort à paraître des premiers sur les rangs, pour crier : "Voilà qui est beau !"

MOLIÈRE

« Et moi de même, parbleu !

LA GRANGE

« Et moi aussi, Dieu me sauve !

MADEMOISELLE DU PARC

Pour moi, j'y paierai de ma personne comme il faut ; et je réponds d'une bravoure d'approbation[109], qui mettra en déroute tous les jugements ennemis. C'est bien la moindre chose que nous devions faire, que d'épauler de nos louanges le vengeur de nos intérêts.

MADEMOISELLE MOLIÈRE

« C'est fort bien dit.

MADEMOISELLE DE BRIE

« Et ce qu'il nous faut faire toutes.

MADEMOISELLE BÉJART

« Assurément.

MADEMOISELLE DU CROISY   [119]

« Sans doute[110].

MADEMOISELLE HERVÉ

« Point de quartier à ce contrefaiseur de gens.

---

109 Scarron connaît *bravure*, « vaillance, courage ». Molière met en circulation *bravoure*, pour désigner ici l'énergie des applaudissements, des bravos.
110 Voir la n. 75.

MOLIÈRE

« Ma foi, Chevalier, mon ami, il faudra que ton Molière se cache.

BRÉCOURT

« Qui, lui ? Je te promets, Marquis, qu'il fait dessein d'aller, sur le théâtre[111], rire avec tous les autres du portrait qu'on a fait de lui.

MOLIÈRE

« Parbleu ! ce sera donc du bout des dents qu'il y rira.

BRÉCOURT

« Va, va peut-être qu'il y trouvera plus de sujets de rire que tu ne penses. On m'a montré la pièce ; et comme tout ce qu'il y a d'agréable sont effectivement les idées[112] qui ont été prises de Molière, la joie que cela pourra donner n'aura pas lieu de lui déplaire, sans doute ; car, pour l'endroit où l'on s'efforce de le noircir, je suis le plus trompé du monde si cela est approuvé de personne ; et quant à tous les gens qu'ils ont tâché d'animer contre lui, sur ce qu'il fait, dit-on, des portraits trop ressemblants, outre que cela est de fort mauvaise grâce, je ne vois rien de plus ridicule et de mal repris ; et je n'avais pas cru jusqu'ici que ce fût un sujet de blâme pour un comédien que de peindre trop bien les hommes.

---

111 C'est-à-dire en prenant une place sur la scène, pour être bien vu de tous en train de rire de la satire qu'on fera de lui chez ses rivaux – ce que Molière fit effectivement !

112 Accord du verbe (*sont*), non avec le sujet (*tout ce qu'il y a*, singulier collectif d'ailleurs), mais avec l'attribut du sujet pluriel (*les idées*) ; c'est ordinaire au XVIIᵉ siècle.

LA GRANGE

« Les comédiens m'ont dit qu'ils l'attendaient sur la réponse, et que…

BRÉCOURT

« Sur la réponse ? Ma foi, je le trouverais un grand fou, s'il se mettait en peine de répondre à leurs [120] invectives. Tout le monde sait assez de quel motif elles peuvent partir ; et la meilleure réponse qu'il leur puisse faire, c'est une comédie qui réussisse comme toutes ses autres. Voilà le vrai moyen de se venger d'eux comme il faut ; et de l'humeur dont je les connais, je suis fort assuré qu'une pièce nouvelle qui leur enlèvera le monde les fâchera bien plus que toutes les satires qu'on pourrait faire de leurs personnes.

MOLIÈRE

« Mais, Chevalier… »

MADEMOISELLE BÉJART

Souffrez que j'interrompe un peu la répétition. Voulez-vous que je vous die[113] ? Si j'avais été en votre place, j'aurais poussé les choses autrement. Tout le monde attend de vous une réponse vigoureuse ; et après la manière dont on m'a dit que vous étiez traité dans cette comédie, vous étiez en droit de tout dire contre les comédiens, et vous deviez n'en épargner aucun.

MOLIÈRE

J'enrage de vous ouïr parler de la sorte ; et voilà votre manie, à vous autres femmes. Vous voudriez que je prisse feu d'abord[114] contre eux, et qu'à leur exemple j'allasse

---

113 Que je vous dise.
114 Voir *supra* la n. 28.

éclater promptement en invectives et en injures. Le bel honneur que j'en pourrais tirer, et le grand dépit[115] que je leur ferais ! Ne sont-ils pas préparés de bonne volonté à ces sortes de choses[116] ? Et lorsqu'ils ont délibéré[117] s'ils joueraient *Le Portait du peintre*, sur la crainte d'une riposte, quelques-uns d'entre eux n'ont-ils pas répondu : « Qu'il nous rende toutes les injures qu'il voudra, pourvu que nous gagnions de l'argent ? » N'est-ce pas là la marque d'une âme fort sensible à la honte ? et ne me vengerais-je pas bien d'eux en leur donnant ce qu'ils veulent bien recevoir ?

MADEMOISELLE DE BRIE   [121]

Ils se sont fort plaints, toutefois, de trois ou quatre mots que vous avez dits d'eux dans *La Critique*[118] et dans vos *Précieuses*[119].

MOLIÈRE

Il est vrai, ces trois ou quatre mots sont fort offensants, et ils ont grande raison de les citer. Allez, allez, ce n'est pas cela. Le plus grand mal que je leur aie fait, c'est que j'ai eu le bonheur de plaire un peu plus qu'ils n'auraient voulu ; et tout leur procédé, depuis que nous sommes venus à Paris, a trop marqué ce qui les touche. Mais laissons-les faire tant qu'ils voudront ; toutes leurs entreprises ne doivent point m'inquiéter. Ils critiquent mes pièces ; tant mieux ; et Dieu me garde d'en faire jamais qui leur plaise ! Ce serait une mauvaise affaire pour moi.

---

115 *Dépit* : irritation violente.
116 Ils attendent ces sortes de choses de bon gré.
117 Lorsqu'ils ont examiné et décidé.
118 À la scène 6, critique des médisances des comédiens de l'Hôtel de Bourgogne.
119 À la scène 9, critique contre la déclamation à l'Hôtel.

MADEMOISELLE DE BRIE

Il n'y a pas grand plaisir pourtant à voir déchirer ses ouvrages.

MOLIÈRE

Et qu'est-ce que cela me fait ? N'ai-je pas obtenu de ma comédie tout ce que j'en voulais obtenir, puisqu'elle a eu le bonheur d'agréer aux augustes personnes[120] à qui particulièrement je m'efforce de plaire ? N'ai-je pas lieu d'être satisfait de sa destinée, et toutes leurs censures ne viennent-elles pas trop tard ? Est-ce moi, je vous prie, que cela regarde maintenant ? et lorsqu'on attaque une pièce qui a eu du succès, n'est-ce pas attaquer plutôt le jugement de ceux qui l'ont approuvée que l'art de celui qui l'a faite ?

MADEMOISELLE DE BRIE

Ma foi, j'aurais joué[121] ce petit Monsieur l'auteur, qui se mêle d'écrire contre des gens qui ne songent pas à lui.

MOLIÈRE   [L] [122]

Vous êtes folle. Le beau sujet à divertir la cour que Monsieur Boursaut ! Je voudrais bien savoir de quelle façon on pourrait l'ajuster pour le rendre plaisant, et si, quand on le bernerait[122] sur un théâtre, il serait assez heureux pour faire rire le monde. Ce lui serait trop d'honneur que d'être joué devant une auguste assemblée, il ne demanderait pas mieux ; et il m'attaque de gaieté de cœur, pour se faire connaître de quelque façon que ce soit. C'est un homme qui n'a rien à perdre, et les comédiens ne me l'ont déchaîné que pour m'engager à une sotte guerre, et me

---

120 Le Roi et son entourage.
121 Je me serais moqué.
122 *Berner*, au sens figuré : tourner en ridicule, bafouer.

détourner, par cet artifice, des autres ouvrages que j'ai à faire ; et cependant, vous êtes assez simples pour donner toutes dans ce panneau. Mais enfin j'en ferai ma déclaration publiquement. Je ne prétends faire aucune réponse à toutes leurs critiques et contre-critiques. Qu'ils disent tous les maux du monde de mes pièces, j'en suis d'accord. Qu'ils s'en saisissent après nous, qu'ils les retournent comme un habit[123] pour les mettre sur leur théâtre, et tâchent à profiter de quelque agrément qu'on y trouve, et d'un peu de bonheur que j'ai, j'y consens ; ils en ont besoin, et je serai bien aise de contribuer à les faire subsister, pourvu qu'ils se contentent de ce que je puis leur accorder avec bienséance. La courtoisie[124] doit avoir des bornes ; et il y a des choses qui ne font rire ni les spectateurs, ni celui dont on parle. Je leur abandonne de bon cœur mes ouvrages, ma figure, mes gestes, mes paroles, mon ton de voix, et ma façon de réciter, pour en faire et dire tout ce qu'il leur plaira, s'ils en peuvent tirer quelque avantage. Je ne m'oppose point à toutes ces choses, et je serai ravi que cela [123] puisse réjouir le monde. Mais, en leur abandonnant tout cela, ils me doivent faire la grâce de me laisser le reste, et de ne point toucher à des matières de la nature de celles sur lesquelles on m'a dit qu'ils m'attaquaient dans leurs comédies[125]. C'est de quoi je prierai civilement cet honnête Monsieur qui se mêle d'écrire pour eux ; et voilà toute la réponse qu'ils auront de moi.

---

123 On retourne un habit usé pour continuer de s'en servir. Dans *La Vengeance des marquis*, de Visé avait déjà fait ce reproche à Molière de réutiliser ses propres pièces de manière différente.

124 Celle de Molière, complaisante à l'égard de ses ennemis.

125 Allusion imprécise aux attaques ordurières contre Madeleine Béjart et aux attaques concernant la vie privée de Molière, qui atteindront le comble de l'ignominie avec l'accusation d'inceste.

MADEMOISELLE BÉJART

Mais enfin…

MOLIÈRE

Mais enfin, vous me feriez devenir fou. Ne parlons point de cela davantage ; nous nous amusons[126] à faire des discours, au lieu de répéter notre comédie. Où en étions-nous ? Je ne m'en souviens plus.

MADEMOISELLE DE BRIE

Vous en étiez à l'endroit…

MOLIÈRE

Mon Dieu ! j'entends du bruit : c'est le roi qui arrive assurément ; et je vois bien que nous n'aurons pas le temps de passer outre. Voilà ce que c'est de s'amuser. Oh bien ! faites donc pour le reste du mieux qu'il vous sera possible.

MADEMOISELLE BÉJART

Par ma foi, la frayeur me prend, et je ne saurais aller jouer mon rôle, si je ne le répète tout entier.

MOLIÈRE

Comment, vous ne sauriez aller jouer votre rôle ?

MADEMOISELLE BÉJART

Non.

MADEMOISELLE DU PARC

Ni moi le mien.

MADEMOISELLE DE BRIE

Ni moi non plus.

---

126 Voir *supra* la n. 45.

MADEMOISELLE MOLIÈRE   [L ij] [124]

Ni moi.

MADEMOISELLE HERVÉ

Ni moi.

MADEMOISELLE DU CROISY

Ni moi.

MOLIÈRE

Que pensez-vous donc faire ? Vous moquez-vous toutes
de moi ?

Scène 6
BÉJART, MOLIÈRE, *etc.*

BÉJART

Messieurs, je viens vous avertir que le Roi est venu, et
qu'il attend que vous commenciez.

MOLIÈRE

Ah ! Monsieur, vous me voyez dans la plus grande peine
du monde ; je suis désespéré à l'heure que je vous parle ! Voici
des femmes qui s'effrayent et qui disent qu'il leur faut répéter
leurs rôles avant que d'aller commencer. Nous demandons,
de grâce, encore un moment. Le Roi a de la bonté, et il sait
bien que la chose a été précipitée. Eh ! de grâce[127], tâchez de
vous remettre, prenez courage, je vous prie.

MADEMOISELLE DU PARC
Vous devez vous aller excuser.

---

127 Molière s'adresse alors à ses comédiens.

MOLIÈRE

Comment m'excuser ?

Scène 7   [125]
MOLIÈRE, MADEMOISELLE BÉJART, *etc.*

UN NÉCESSAIRE[128]

Messieurs, commencez donc.

MOLIÈRE

Tout à l'heure[129], Monsieur. Je crois que je perdrai l'esprit
de cette affaire-ci, et...

Scène 8
MOLIÈRE, MADEMOISELLE BÉJART, *etc.*

AUTRE NÉCESSAIRE

Messieurs, commencez donc.

MOLIÈRE

Dans un moment, Monsieur. Et quoi donc[130] ? Voulez-
vous que j'aie l'affront... ?

Scène 9
MOLIÈRE, MADEMOISELLE BÉJART, *etc.*

AUTRE NÉCESSAIRE

Messieurs, commencez donc.

---

128 Un nécessaire est un personnage qui se croit indispensable.
129 *Tout à l'heure* : tout de suite.
130 S'adressant aux comédiens.

MOLIÈRE

Oui, Monsieur, nous y allons. Eh! que de gens se font de fête[131], et viennent dire : « Commencez donc », à qui le Roi ne l'a pas commandé !

Scène 10
MOLIÈRE, MADEMOISELLE BÉJART, *etc.*

AUTRE NÉCESSAIRE

Messieurs, commencez donc.

MOLIÈRE

Voilà qui est fait, Monsieur. Quoi donc ? recevrai-je la confusion… ?

Scène 11   [L iij] [126]
BÉJART, MOLIÈRE, *etc.*

MOLIÈRE

Monsieur, vous venez pour nous dire de commencer, mais…

BÉJART

Non, Messieurs, je viens pour vous dire qu'on a dit au Roi l'embarras où vous vous trouviez, et que, par une bonté toute particulière, il remet votre nouvelle comédie à une autre fois, et se contente, pour aujourd'hui, de la première que vous pourrez donner.

---

131 *Se faire de fête* : se mêler de quelque chose qui ne vous regarde pas.

MOLIÈRE

Ah ! Monsieur, vous me redonnez la vie ! Le Roi nous fait la plus grande grâce du monde de nous donner du temps pour ce qu'il avait souhaité, et nous allons tous le remercier des extrêmes bontés qu'il nous fait paraître.

FIN

INDEX NOMINUM[1]

---

1   Les critiques contemporains sont distingués par le bas-de-casse.

INDEX DES PIÈCES DE THÉÂTRE

TABLE DES MATIÈRES

L'ÉCOLE DES FEMMES

LA QUERELLE
DE L'ÉCOLE DES FEMMES

LA CRITIQUE
DE L'ÉCOLE DES FEMMES

REMERCIEMENT AU ROI

L'IMPROMPTU DE VERSAILLES

Achevé d'imprimer par Corlet,
Condé-en-Normandie (Calvados),
en Avril 2022
N° d'impression : 175629 - dépôt légal : Avril 2022
Imprimé en France